LE DIABLE

DANS

UN BENITIER.

Le Plenipot...reçoit l'abjuration de Charlot et R......r lui donne la croix de S' André

LE DIABLE

DANS UN BENITIER,

Et la Métamorphose du GAZETIER CUIRASSÉ en mouche, ou Tentative du Sieur RECEVEUR, Inspecteur de la Police de Paris, Chevalier de St Louis; pour établir à Londres une Police à l'Instar de celle de Paris.

Dédié à Monseigneur le Marquis de Castries, Ministre & Secrétaire d'Etat au Département de la Marine, &c. &c. &c.

Revû, corrigé & augmenté par Mr. l'Abbé AUBERT, *Censeur-Royal.*

PAR PIERRE LE ROUX, Ingénieur des Grands Chemins.

A PARIS,
DE L'IMPRIMERIE ROYALE.

Avec Approbation & Privilége du Roi

———————————

LE DIABLE

DANS UN BENITIER, &c.

Ou Tentative du Sieur Receveur, Inspecteur de la Police de Paris, Chevalier de St. Louis; pour établir à Londres une Police à l'Instar de celle de Paris, &c. &c.

LE Despotisme que le plus léger obstacle irrite & désespere, ne peut soutenir l'idée de l'existence de la liberté. Le plus cruel de tous les supplices est pour lui le spectacle du bonheur de ceux qu'une fuite rapide a dérobés à la violence de ses coups, & qui jouissent en paix dans son voisinage des douceurs d'un Gouvernement aux yeux duquel les droits de l'humanité sont comp-

tés pour quelque chofe. Il frémit de rage
en contemplant fes victimes à l'abri de fes
traits ; il rode fans ceffe autour d'elles &
fe brife les dents contre les pierres de la
forterefle , du haut de laquelle ils le regardent avec un mépris mêlé de pitié. Les
droits facrés de la nature , ceux des nations
ne font à fes yeux que des conventions
ridicules : il emploie pour les détruire , la
force , la rufe , l'argent & la calomnie ; le
poifon & l'affaffinat ne font pas des ref-
fources qu'il dédaigne , & s'il ne peut
réuffir dans fes deffeins finiftres , au moins
jouit-il de l'inquiétude qu'il cherche à
femer dans le cœur des fugitifs.

Il n'eft point de fpectacle plus digne
d'attirer les regards d'un obfervateur , que
celui de la rage impuiffante avec laquelle
les Miniftres François pourfuivent en Angleterre ceux que leur mauvaife adminif-
tration a contraint de s'y retirer. C'eft une
des maximes établies par Loüis XIV , de

qui l'orgueil a fi fortement révolté l'Europe, que tous les François retirés en pays étrangers font fes fujets jufqu'à la 3me. génération. Il cherchoit à les flétrir en les nommant *réfugiés*, & il avoit réuffi à en peupler l'Europe entiere ; fans doute, que par une fuite de fes principes il efpéroit rendre un jour fes fucceffeurs les Rois de toute la terre ; nous oferions prefque dire que le quart des habitans de la Hollande & de l'Angleterre eft de race Françoife, & tout au plus aujourd'hui à la 3me. génération ; que de fujets le Roi de France a, fuivant fon fyftême, dans les Etats voifins, Que de gens à pendre, fi on les prenoit & qu'on fuivit la loi de Louis XIV (1) !

---

(1) Lors du ridicule fiége de Genêve , le Roi de France Louis XVI , fit publier la Proclamation fuivante.

Elle ne reſſemble pas mal à la punition réſervée au péché originel ; mais avec cette différence , qu'il n'y a point de baptême qui puiſſe régénérer un Refugié.

Charles-Léopold , Marquis de Jaucourt , Maréchal des Camps & Armées du Roi , Gouverneur pour S. M des Ville , Cita-delle & Comté de Blaye & du fort Médoc, l'un des Inſpecteurs - Généraux de ſes troupes , Commandant en Chef celles raſ-ſemblées dans le pays de Gex , &c.

ORDONNONS à tous ſujets du Roi mon maître, qui ſe trouveroient actuellement dans Genêve , d'en ſortir avant dix heures du matin , ſi faire ſe peut ; & ſi cette ſortie ſe trouvoit impoſſible par l'oppoſition de ceux qui occupent la ville , nous défendons auxdits Sujets de S. M. de coopérer en rien à la défenſe de ladite place , ni à aucunes meſures que pourroient prendre les gens qui l'oc-cupent : déclarant que tout François pris par nous, les armes à la main , contre nos troupes ou celles de nos alliés , ſera pendu ſelon la rigueur des Or-donnances.

Quel

Quel est l'Etat en Europe, si on en exempte l'Angleterre, qui ait le courage de refuser à la France un sujet qui l'a offensee? Le Magistrat du Brabant a donné à cet égard plus d'une preuve de sa lâcheté; les petites Républiques de la Suisse, osent, tout au plus, faire échapper le proscript; les Hollandois gémissent sous une Aristocratie que la France gouverne: Geneve a disparu de dessus la surface du Globe; les grands Etats se rendent leurs sujets à *charge de revenge*, il ne reste donc que l'Angleterre qui ne puisse être corrompue par l'argent de la France, ni effrayée de ses menaces.

A Constantinople l'influence de la France est telle qu'un sujet du Roi, sous la protection du Grand-Seigneur, n'a d'autre ressource pour se mettre à l'abris de l'avidité & de la tyrannie de l'Ambassadeur que celle de se ranger sous la banniere Britannique. Le Turc est moins à redouter pour lui que l'Ambassadeur de son maître!

I. Partie.

Il eft fouvent arrivé qu'un François marié dans le pays, a été embarqué de force à la requête de fon Ambaffadeur, & tranfporté dans fa patrie chargé de fers. Il eft vrai qu'on a rendu au Grand-Seigneur un Turc qui s'étoit réfugié en France. La plupart des Puiffances de l'Europe font comme les médecins de Moliere —— Paffez - moi l'émétique & je vous paffe la faignée.

Ce n'eft pas que la France n'ait fait à plufieurs reprifes tous les efforts qu'a pu lui fuggérer fon imagination fertile en reffour-ces; mais c'eft que la politique droite, & la fermeté de l'Angleterre, ont été conf-tamment au-deffus des tentatives de fa cau-tuleufe ennemie.

O! vous infortunés, que des tyrans fous le nom de *Miniftre* ont forcés à fuir une patrie qui vous eft toujours chere : fachez au moins, pour votre confolation, que la rage étouffe à Verfailles les auteurs de vos maux, quand ils fongent à la liberté dont

vous jouiffez en Angleterre, à la com-
paraifon que vous faites de l'homme pof-
fédant les droits de l'homme, à l'efclave
qu'ils enchaînent à la glebe, ou qu'ils dédai-
gnent dans leur anti-chambre ; tels que
des tigres enfermés dans une cage dont les
barreaux les empêchent de fe jetter fur les
paffans, ils écument toutes les fois qu'ils
penfent à vous, & au mépris avec lequel
vous contemplez leurs vains efforts. Vous
les regardez du fommet de cette Ifle heu-
reufe, du même œil que Dieu lui-même
obfervoit les hommes occupés de la folle
entreprife de la Tour de Babel : & les loix
font pour eux une barriere infurmontable dès
qu'ils ont paffé la mer.

Le Comte de V——— s qui dirigent aujourd'hui le Cabinet de Verfailles tout dif-
fimulé, tout habitué aux petits moyens &
à la rufe, tout façonné qu'il eft à fe maf-
quer aux yeux des François, du Roi, &
de Dieu-même, qu'il joue par un cago-

tiſme affecté, n'a pu nous ôter le plaiſir de
rire un inſtant de ſa rage impuiſſante.

Le Comte de M —— , Subalterne, ſans
talens, ſans eſprit, ſans génie & ſans con-
noiſſances, a laiſſé trop bien appercevoir
ſon dépit & celui de ſa Cour pour que nous
n'en ayons pas joui ; les accès de folie de
ſon aſſocié R. . . . r, la lourde agitation du
Gazetier Cuiraſſé, formoient un ſpecta-
cle qui pourra divertir un inſtant ceux qui
ſe plaiſent aux ſcenes de la foire.

Mais comme nos lecteurs auroient, ſans
doute, peine à imaginer l'origine d'un
triumvirat, formé entre le Plénipotentiaire
d'un Roi, un ſatellite du Lieutenant de
Police, & un échappé de Bicêtre, nous
lui découvrirons d'abord l'amalgame qui
a pu réunir ces êtres incompatibles en ap-
parence. Le centre de cette opération ;
fut l'illuſtre Marquis de C ,—— s ; cet habile
guerrier qui a voulu joindre aux lauriers
dont il s'eſt couvert à Minden, la gloire

& le profit qu'on peut tirer du trident de Neptune.

Il a, comme on fait, fuccédé à M. de S——, qui, malgré la vente de fes chevaux, & les 20,000 l. de rente de plus qu'elle a ajouté à fa retraite, n'en a pas moins prêté, peu de temps après, par le miniftere de fon fidele Pacot, un million au Comte d'A —— Il en avoit fait offrir autant à M. le Duc de C—— : à la vérité celui-ci l'a refufé, parce que l'ex-Miniftre ne vouloit s'en deffaifir que pour deux ans ; c'eft quoiqu'il ait pu nous en dire, une fort bonne place que celle de Miniftre de la marine, on ne perd rien en l'occupant.

Il eft vrai qu'il a fallu des avances pour changer en efpions & en délateurs quelques Officiers du corps de la marine, pour mettre les Bureaux fur le pied de la police, pour entretenir des efpions en Angleterre, mais tout cela n'eft rien. Que dis-je rien! C'eft une mine inépuifable pour celui qui l'exploite, c'eſt une ſource de dépenſes dont on ne rend aucun compte , & de tréſors que l'on envoie aiſément en Eſpagne (1).

§. 1.

Miſſion de d'Anouilh ; premiers Exploits de Receveur en Angleterre ; Noviciat du Gaʒetier Cuiraſſé.

J'E N demande pardon à M. l'Abbé Aubert, conſervateur des privileges de la Gazette de France ; immortel auteur des petites

_____

(1) Mr. de S— n'a jamais poſſédé pour un écu de fonds en France. L'Hôtel qu'il habite à Paris, ſa maiſon de campagne ne ſont pas à lui. Il les loue ; il ſent bien qu'on ne tranſporte pas une terre comme des billets de banque. *Note des Editeurs.*

Affiches, Censeur-Royal de la Librairie,
Professeur au College Royal, peut-être
même Docteur de Sorbonne; mais loin que
la Police de Paris me semble, comme à lui,
le chef-d'œuvre de l'esprit humain, je
ne puis m'empêcher de la regarder comme
une pepiniere d'espions, de délateurs, &
de bourreaux. Ce corps abominable doit
faire trembler tout homme qui réfléchit tant
soit peu. Les Rois eux-mêmes ne font pas
au-dessus de ses coups. Semblable au vieux
de la Montagne, le Lieutenant de Police
a sous sa banniere, des assassins de toutes
les classes, il sait qui choisir pour faire
périr telle ou telle victime au moyen d'un
poison lent (1) : il connoît le lâche qui peut

_____

(1) Ceux qui ont lu les mémoires sur la Bastille
du célebre Mr. Linguet, se rappelleront sans doute
ses soupçons sur la mort prématurée d'un habitant
de ces tristes lieux. Ils frémiront en songeant que

affaffiner par derriere un homme libre, ou étrangler en prifon celui dont il faut étouffer la voix; il nourrit ces monftres odieux du produit des crimes, il a, comme autrefois, à Rome une taxe pour tous les forfaits. Le tapis verd du joueur (1), le grabat de la racrocheufe, l'année littéraire

c'eft à cette même époque qu'y eft mort l'infortuné Chevalier de Launay. Il avoit été Rédacteur de la *Gazette Anglo-Américaine*. Ce papier s'imprimoit à Maeftricht pour le compte d'un Anglois. Une querelle élevée entre eux caufa la perte de l'infortuné Chevalier : il paffa à Amfterdam où il fe lia avec les auteurs des libelles tant recherchés par Receveur : & mourut fuffoqué fubitement à la Baftille dans le temps où Linguet y entendit un fi grand bruit. (*Note d'un homme bien inftruit.*)

(1) Ceci eft fi vrai que la caiffe des profits du jeu eft tenue par un Gombaud le plus fripon de tous les Lyonnois. Cet emploi lui vaut 40,000 livres de rente. Il eft en même temps le caiffier des plaifirs honteux d'Ammelot : ce Miniftre fi peu digne de fuccéder au vertueux Malsherbes, donne aux filles des Frérons qui déchirent à Paris tous ceux qui penfent & écrivent avec liberté, en un mot, tous les foyers peftilentiels qu'il tolere au centre de la Capitale lui paient un tribut. Inutile fi l'on faifoit naître des mœurs, le Lieutenant de police a foin de corrompre aujourd'hui la générofité naiffante pour s'attacher un jour, lui & les corbeaux qu'il nourrit de carnage, fur les cadavres dans lefquels il fait d'avance germer tous les genres de putréfaction qui doivent les infecter par la fuite. Il préleve un impôt fur les crimes d'aujourd'hui; il eft le complice des forfaits qui fe commettront un jour; c'eft parmi les voleurs qu'il choifit ceux qui l'emploie, & fi la race du bourreau venoit à s'éteindre, il le

des bons fur Gombaud : voyez fur tout ceci une petite brochure, intitulée *les Joueurs*, & que mon Libraire vous procurera, quoique M. le N-- l'ait fait fupprimer. (*Note fournie par Mr. le Duc de* C—— *s à fon paffage à Londres.*)

I. Partie.   C

remplaceroit bient vîte par quelqu'un des cordons bleus de fa bande (1).

Auffi M. de S —— jeta-t-il les yeux fur cette pépinière, quand parvenu au Minif-tere de la Marine il eût befoin d'efpions en Angleterre ; il y fit paffer ce malheureux de la Mothe que nous avons vu pendre, & à qui il donnoit, dit-on, 2000 écus par mois. On fait que cet infortuné étoit avant dans les emplois fubalternes de la Police : il a payé bien cher l'avancement qu'il a obtenu : mais comment un vil Mouchard réfifteroit-il aux follicitations d'un homme qui lui promet les tréfors du Pérou & les délices de l'Enfer ?

---

(1) On reprochoit au Comte d'Argenfon de n'employer dans la police que des coquins & des fripons. —— Trouvez-moi, répondit-il, d'hon-nêtes gens qui veuillent faire ce métier, & je vais les mettre à la place de ceux que j'emploie. —— Quel aveu ! (*Note de l'Auteur.*)

Quand un Miniftre a befoin en temps de
guerre d'un homme familiarifé avec l'idée
de la corde, il s'adreffe au Lieutenant de
Police, on ouvre les régiftres, on choifit
le plus digne, le Sanhedrein s'affemble, on
introduit le récipiendaire ; l'orateur lui fait
un difcours, felon fon ame, il offre à fes
yeux le tableau du fang qui va couler, des
larmes qui vont être verfées par fon adreffe,
& fes fourberies, il n'oublie pas l'argent,
l'argent, l'ame de la machine ; le coquin
jouit d'avance de cette infernale peinture,
il baife à genoux l'ergot de fon Seigneur,
reçoit l'accolade, & vole affronter les
hafards.

M. de S — connoiffoit trop bien le corps
auquel il a donné l'être, pour choifir des
fujets infideles. Il n'en fut pas de même de
fon fucceffeur, bien moins habitué que lui
avec la gent efpionne. Auffi l'un des premiers fur qui il jetta les yeux, lui joua-t-il
un tour dont il faillit être la dupe ; on nous

affure qu'il en a l'obligation à fon prédé-
ceffeur , cet ex-Miniftre tremblant de voir
un autre recueillir le fruit de fes projets eut
foin de les tous faire avorter. Il fe lia plus
étroitement que jamais avec la maifon
d'Orléans, & après avoir fait manquer l'ex-
pédition des Efpagnols, fait perdre des con-
vois, fauvé l'Amiral Hardy, fait retirer
d'Orvilliers & Duchaffaut , *employé de
Graffe* ; il avoit, dit-on, encore le foin
d'informer l'Angleterre de tout ce qui fe
projettoit en France.

Outré d'être fans ceffe pénétré , C——s
voulut conftruire une contremine, & établir à Londres un Bureau d'Infpection, qui
veillat fans ceffe fur ceux qu'il envoyoit en
Angleterre. La chofe étoit affez difficile.
L'exemple de la Mothe en impofoit aux
plus hardis. Dans cette anxiété , il imagina
de faire un facrifice & de tirer d'un Anglois
le nom des gens qui vendoient les fecrets de
la France.

Il s'adreffe pour cet effet à M. le N——, & au chaſte ſavant A. — Ces aigles ne planerent pas long-temps ſur l'horifon, ſans découvrir l'homme qu'ils cherchoient ; leur vue perçante s'arrêta ſur d'Anouilh, ils le porterent ſur leurs aîles vers le trône du Dieu de la mer, & vinrent enſuite modeſtement ſe repoſer ſur une perche dans la baſſe-court d'Arlequin Jupiter.

Voilà donc d'Anouilh, d'eſpion des poiſſardes & des filoux devenu commis du bureau de la marine, au département de l'eſpionage.

Les Avards, les Michels, les Barthelemy (I) manquoient de courage, ſans quoi l'on n'auroit pas cherché ailleurs. La

---

(I) Barthelemy, Secrétaire intime du Miniſtre : Avard, inſolent commis du Bureau des Colonies, au-delà du Cap de Bonne Eſpérance : Michel, chef de ce Bureau.

befogne étoit délicate , & d'Anouilh qui
prétendoit être en grande liaifon avec M.
Scher——n fe flattoit d'en tirer le fecret
tant defiré : mais il falloit de l'argent,
C — s fit un effort généreux , & lui confia
5,000 louis, partie en billet de Banque,
partie en argent, & partie en billets de la
caiffe d'efcompte , quelle joie ! quelle
fomme ; quel tréfor ! fier de fa nouvelle
charge , & bien amoureux de fa proie, il
part auffitôt avec elle pour fon nouveau
département , arrive à Londres déguifé en
marchand de parapluies , court les caffés ,
voit des filles , fait des paris pour la prife
de Gibraltar , enfin mange en un mois
12,000 livres des fonds deftinés à la
marine.

Quoique très au fait de ce qui c'eft paffé
entre le fage agent & celui qui l'employoit ,
comme il pourroit nous être échappé quelque chofe, notre projet étant de faire
paffer un exemplaire de cet ouvrage auffitôt

fa publication, à chacun des héros qui y
jouent un rôle, nous efpérons que M. le
Marquis de C——s nous fera au plutôt par-
venir les détails propres à fatisfaire la curiofité de nos lecteurs. Qu'il nous adreffe feulement l'hiftoire de fes fottifes, des traits
d incapacité, bêtifes, âneries de commis
de fon département, &c. depuis qu'il eft
dans le miniftere, & notre fortune eft faite ;
nous aurons de quoi compofer plus de volumes, & de plus gros que ne font les ouvrages des Bénedictins de la congrégation de
St. Maur.

Quoiqu'il en foit des motifs qui purent
décider d'Anouilh à repaffer la mer ; il eft
certain qu'il ne tarda pas à faire cette fottife.
Mais il l'eft auffi qu'il n'emporta d'Angleterre, ni tout fon argent, ni la volonté
d'en rendre les reftes. Il aborda le Marquis
avec un petit conte dont il avoit mefuré les
probabilités, fur l'intelligence du Miniftre
plutôt que fur fa crédulité : ce M. d'Anouilh

croyoit, fans doute, à la vertu des gens en place; le pauvre homme ne favoit pas qu'en France un Miniftre croit tout hors la vérité, & fait tout excepté le bien. Jugez comme il ajoute foi au menfonge, quand il choque les intérêts de fa vanité ou de fon avarice; mais un efpion n'en fait pas tant. On avoit, difoit-il, trouvé la fomme bien au-deffous de l'appétit d'un Membre du Parlement d'Angleterre. Semblable au Héron de la fable. Sh——— avoit dit, j'ouvrirois pour fi peu le bec ! Toute fois, comme ce qui eft bon à prendre eft bon à garder, on lui avoit député une fociété de conétables, qui l'ayant traité en gens de la police, s'etoient emparés de fon argent, de peur qu'il ne réuffit à corrompre enfin quelqu'un de ces fénateurs qui vendent leurs voix à l'enchere. En un mot, C — s & fon Plénipotentiaire étant coupables de briberie, (*guilty of bribery*) ils furent jugés par les Conétables, leurs Pairs, con-

damnés

damnés folidairement, & exécutés auſſitôt d'une voix unanime par ce juré, qu'il n'avoit pas été befoin, difoit-il, d'envoyer en chambre pour l'engager à dépouiller un malheureux bribeur. Pardonnez-moi ce terme, cher lecteur, il eſt vieux ; mais depuis que la Cour de France *bribe* dans le vaſte corps germanique, dans le gros corps Helvétique, au fein du pefant corps batavique fur les glaces de la mer Balti-que, elle a fait ôter du Dictionnaire de l'Académie ce mot ſi propre à peindre l'une de ſes ópérations favorites ; Vous favez, fans doute, qu'il lui en coûte plus en *bribes* ou *bribcries* qu'elle ne devroit dé-penfer pour fe rendre l'Etat de l'Europe le plus commerçant, & le plus redoutable. Mais le Miniſtere n'eſt qu'une grande police. *S*—— & *l'eſpionage*, *M. le N*——*&* *délatation*, *Recèveur & la roue*, *A*——, *& lettres de cachet ;* tels font les mots de

I. Partie. D

l'ordre que l'on donne aujourd'hui dans tout ce qui s'appelle *Bureau*.

Le Sr. d'Anouilh arrive donc à Paris, son petit roman tout prêt; il a aussitôt audience. Un espion attend moins le temps, dans l'Anti-chambre d'un Ministre, que ne le feroit un Général d'armée. Il est si bien accueilli par ses pareils; il en trouve à chaque bureau, à chaque pas, depuis le maître jusqu'au Suisse. Vive, vive Versailles; pour les espions, mais c'est quand ils révelent les pensées de leurs meilleurs amis, trahissent leurs secrets, violent l'asyle que leur donne les nations étrangeres, font rouer leur pere, écarteler leur frere; car on a soin de leur dire:

Calceo perge patrem.

C'est la formule d'initiation de la police. Ce pauvre d'Anouilh étoit encore trop honnête homme, c'étoit un faux frere;

cependant, le Neptune gendarme l'accueille
agréablement, fait semblant de croire son
histoire , lui promet des récompenses :
« Allez , lui dit-il, mon cher d'Anouilh,
» distinguez-vous dans votre état : prenez
» le cœur de Morandes & l'esprit de Rece-
» veur, la sensibilité de M. le N. ———,
» & la droiture de V.——s, & je me charge
» de votre fortune. Allez, mon ami, mar-
» quez du zele , tout est ouvert à votre
» état. Les Croix de St. Louis , les mil-
» lions , vont combler vos desirs. Le plus
» dur est passé, la saison des gourmades,
» des coups de pied au cul , des soufflets
» & autres pareilles gentillesses est déjà
» loin de vous. Rien n'est au-dessus d'un
» bon espion. S——— n'a-t-il pas occupé
» avec gloire la place que je remplis
» aujourd'hui, qui sait si d'Anouilh ne
» me succédera pas un jour ? »

C'est ainsi que jadis Poliphême cherchoit
à persuader à Ulysse de se rapprocher de son

Ifle. Les carefles des Miniftres reffemblent aux invitations des Cyclopes. Ils ne vous flattent que pour vous dévorer. Sans con- noifſances dans leur partie, il faut bien qu'ils profitent des talens des fubalternes : ils tirent d'eux, jufqu'à la derniere goutte de fang, puis les laiſſent vieillir dans la mifere & l'infâmie. O! vous qui vous voyez tout d'un coup accueillir par ces fyrènes, fouvenez - vous bien qu'à la Cour :

« Une traitreffe voix bien fouvent nous appelle,

» Ce n'étoit pas un fot, non, non, & croyez m'en,

» Que le chien de Jean de Nivelle.

A peine l'infortuné d'Anouilh eut-il quitté M. de Caftries, que ce Miniftre manda l'illuftre Receveur : Receveur, le précurfeur du bourreau & le plus redouté de tous les coquins employés par la police : ce cruel

Triſtan qui joue le premier rôle dans l'hiſtoire que nous avons à raconter, ſourit en
entrant chez le Miniſtre, de la ſeule idée
qu'il alloit faire du mal à quelqu'être ſen-
ſible. Le Marquis lui conta en rougiſſant de
colere le tour que vouloit lui jouer d'A-
nouilh. O! Monſieur, s'écria l'Alguazil,
ce coquin là nous prend pour de grandes
bêtes ; *je lui chaufferai les mollets de ſi
près*, que nous ſaurons bien ce qu'il a fait
de l'argent (1). On expédie auſſitôt un
ordre, & dès que le ſoleil eut ceſſé d'éclairer
Paris, quand il jugea que tout étoit en paix
dans la ville, hors les fripons & les mou-
chards, le Receveur s'avance ſuivi de ſix

_____

(1) Nous avons tâché de conſerver les propres paroles de nos héros autant qu'il nous a été
poſſible de le faire. Comme ils ont eux-mêmes
raconté preſque tout ce qu'on lit ici, la choſe n'a
pas été difficile.

ou fept autres coquins, enfonce la porte de d'Anouilh dormant, s'empare de fa perfonne, fouille dans toutes les fentes de fon taudis, & malgré fes proteftations d'innocence, le conduit dans les fombres cachots, où de l'Aunay (1) tourmente les infortunés que lui livre l'ame vindicative des Miniftres.

C'eft ordinairement dans le filence de la nuit que les cruels fuppôts du defpotifme, les lâches Vaugiens, les fanguinaires Receveur exécutent ces ordres affreux & illégitimes que donnent les monftres qui font du nom du Roi un trafique honteux & illicite. De jour les citoyens prendroient l'allarme, le grand nombre de victimes innocentes les feroit trembler, peut-être que la vue de tant crimes d'Etat rappelleroit aux François ce

_____

(1) Gouverneur de la Baftille, fripon, violent & bas.

temps où leurs peres élevant leur chef fur un bouclier, lui recommandoient d'être jufte ; peut-être le fainéant payeroit-il au fonds de fon château de Verfailles pour les la V——e & les A.

Quand donc la capitale eft couverte de ténebres, & que les honnêtes gens fe livrent au repos, il eft ordinaire de rencontrer de ces bandes d'eftafiés que la police autorife ; un homme en robe, Magiftrat délégué par nos Magiftrats, les accompagne, le lâche vient violer les loix au nom de la loi. Un ferrurier les fuit muni d'inftrumens qui paroiffent réfervés pour les voleurs, ils entourent une porte, frappent, d'abord à petits coups, la font ouvrir en prononçant le nom du Roi, ou l'enfoncent fi l'on réfifte ; auffitôt ils pénetrent en foule d'appartemens en appartemens ; commencent par curiofité & par malice par ceux où ils favent bien que leur proie ne peut être. Ils violent ainfi le fecret des familles & la fûreté des citoyens, frappent, écartent, & fans égard pour la pudeur des femmes, fouillent jufque dans leur lit. Leur recherche eft affaifonnée de plaifanteries qui font rire toute la canaille(1); fouvent on a vu une jeune femme allarmée pour fon époux couché à fes côtés, accoucher avant terme, & périr avec fon enfant par une fuite de la frayeur que lui avoit caufé une recherche inutile & mal conduite.

---

(1) Les voleurs ont un *argot*, & les gens de la police un autre : ceux-ci infultent avec une cruauté fans égale aux maux de ceux-là. Quand ils les ont chargé de fer, ils fe difent entr'eux qu'ils leur ont mis la *mouffeline*, & mille autres plaifanteries de cette force. C'eft une lâcheté d'infulter aux maux des voleurs ; mais à ceux d'un citoyen honnête qui eft la victime de la haine, ou de l'humeur d'un homme en place ! Les cheveux dreffent à la tête quand on fonge à la barbare infolence de ces marauds ! (*Note de l'Auteur*).

C'eft

C'eſt par de pareils exploits que Receveur à gagné cette Croix de St. Louis qu'il n'a oſé porter à Londres Par un autre abus qui fait frémir, le ſubalterne eſt lui-même le premier juge, il fait ſubir le premier interrogatoire au ſoit diſant coupable, & ce n'eſt qu'après avoir été prévenu par ſon inférieur que le Lieutenant de Police voit enfin celui qu'il a plongé dans les cachots.

D'Anouilh ſoutint avec aſſez de fermeté tous ces premiers interrogatoires. Receveur employa les menaces & les promeſſes (pour lui tirer, comme il dit dans ſon langage bizarre, *la carrotte* ; mais n'ayant réuſſi à rien, le Miniſtre réſolut d'envoyer à Londres cet émiſſaire pour tirer, non des preuves du crime de l'eſpion, mais le lieu où il avoit mis l'argent. Qu'importe qu'un mal-heureux ſoit innocent ou coupable ? Les Caſtries & leurs pareils ſe moquent bien de la vie & de la liberté des François, mais ce qu'il cherchoit dans l'affaire, c'étoit à ravoir les 5000 louis.

Le moderne Triftan fe rend donc auffitôt à Calais, accompagné d'un accolite nommé Barbier (1), qu'il appelloit fon Secrétaire; fon Secrétaire, hé! fans doute le Gazetier Cuiraffé a auffi un Secrétaire, mais qui fans culottes comme celui de Receveur, n'a de fecrets à garder que la turpitude de fon maître, & fes indignes manœuvres.

Ceci fe paffoit vers Noël dans un inftant où la paix n'étoit pas encore fignée, quelque homme trop officieux fit remarquer à Receveur que fon voyage pourroit le conduire à Tyburn, & qu'il n'étoit pas trop prudent à lui de paffer l'eau, ces réflexions parurent folides au brave Chevalier, & en conféquence il fe contenta d'envoyer à

---

(1) C'eft le nom que portoit à Londres le fatellite de Receveur. On dit qu'il en a un autre dans la police. (*Note de l'Auteur.*)

Londres fon fubſtitut ; il étoit queſtion de
l'adreſſer à quelqu'un , & on ne ſavoit trop
à qui ; Beaumarchais , membre né de tous
les Conſeils honteux, eſt à la tête de la
police , il donna des recommandations
pour le Gazetier Cuiraſſé.

Cet homme né de citoyens de la derniere
claſſe dans la fange d'Arney-le-Duc en
Bourgogne (1) , d'abord dragon dans le
régiment de Beaufremont , étoit parvenu
à ſe faufiler à Paris parmi quelques jeunes
gens qui dépenſent leur fortune , & la par-

_____

(1) Son pere étoit Procureur : le fils n'a pas
dégénéré ; il eſt digne de cette illuſtre origine.

On dit qu'un jeune homme s'étant préſenté à
Cartouche pour entrer dans ſa bande ; le chef de
voleur lui demanda où il avoit ſervi : « Deux ans
chez un Procureur , & ſix mois chez un Inſpecteur
de Police , » répondit le novice. « Tout ce temps-
là , repliqua avec tranſport le Général , vous con-
tera comme ſi vous aviez été dans ma troupe.

E 2

tagent involontairement avec des efcrocs
plus fins qu'eux; il avoit alors, dit-on,
une affez jolie figure, *quantùm mutatus ab
illo*. Imaginez, Lecteurs, une face large
& plate, dont tous les traits font formés
avec une graiffe livide & flotante, des yeux
couverts & hagards, exprimant la frayeur
& la perfidie. Un nez applati, des nazeaux
larges & ouverts, qui femblent refpirer la
luxure la plus effrontée.

Tauri anhœlantis in venerem.

Une bouche de chaque côté de laquelle
découle continuellement une fanie livide,
fidele emblême du vénin qu'elle ne ceffe de
répandre; en un mot, la figure d'un tigre
foulé, mais non raffafié de carnage, à qui
l'on auroit fait la barbe.

Tel eft le portrait fidele du Gazetier Cuiraffé. Arrivé à Londres fans fouliers, il y
gagna d'abord quelques guinées par des

liaifons fecretes avec des Richards ufés qui
ont renoncés aux femmes. Après avoir
acquis des preuves de leurs goûts, & fervi
à leurs plaifirs infàmes, il les faifoit contribuer en les menaçant d'une diffamation
publique.

Echappé de Bicêtre déguifé en marmi-
ton, il étoit au fait de la vie & des reffour-
ces des canailles qui habitent ce cloaque.
On fait qu'il écrivit fans efprit & fans ordre
le *Gazetier Cuiraffé*, ouvrage dont une
Dame de Courcelles avec laquelle il eft
encore en correfpondance, lui fournit les
anecdotes. Cette rapfodie étoit fi dégoû-
tante qu'elle ne rapporta prefque rien à fon
auteur. Mais la fameufe Comteffe du Barry
ayant, par un de ces jeux de la fortune qui
ne font pas rares en France, partagé la
couche de l'imbécile Louis XV, le Gazetier
recueillit quelques anecdotes dont il com-
pofa un volume qu'il vendit plus d'argent
que Rouffeau n'en a jamais retiré de tous

ſes ouvrages. Aſſurément celui du Gazetier, quoique fait dans une circonſtance pareille, ne valloit pas cette chanſon dont je me rappelle les derniers vers , & qui fut faite ſur Louis XIV , quand il eut épouſé la Marquiſe de Maintenon. En voici la fin :

« Il eſt ſi pauvre en ſon vieil âge
» Qu'on craint que la veuve Scarron
» N'ait fait un mauvais mariage ,

Bonne ou mauvaiſe , vraie ou fauſſe , la favorite paya l'hiſtoire de ſa vie 32000 liv. tournois, & une penſion de 4800 liv. dont la moitié eſt réverſible ſur la tête de la femme de l'écrivain mercénaire, qui paſſa tout-à-coup de la miſere la plus horrible à une richeſſe inattendue.

Ce fut préciſément à la veille de la mort du feu Roi que Beaumarchais vint à Londres conclure ce marché. On avoit commencé par envoyer des exempts de police , pour eſſayer de l'enlever par force. Il ſe douta de leur deffein ; pour le prévenir il grifa fon valet & lui fit faire fous ferment une fauffe déclaration entre les mains d'un Juge de paix. Les exempts n'eurent que le temps de repaffer l'eau bien vîte.

La négociation avec Beaumarchais étoit à peine finie, que Louis XV vint à mourir.

Les fonds qu'avoit produit le libel étoient bien loin de fuffire à l'imprudent Gazetier; & l'argent de la Catin titrée ne fit que paffer de fa poche dans celles d'une légion d'autres malheureufes, par le canal du crapuleux débauché.

Les fupplémens qu'y ajouta Beaumar-chais (1) venu à Londres dans le deffein

---

(1) Nous devons ajouter ici une petite anec-dote qui pourra fervir à l'hiftoire de l'édition gé-nérale des Œuvres de Mr. de Voltaire, & à celle du Sr. Caron de Beaumarchais.

On fait qu'il a acheté tous les manufcrits qui étoient reftés à Mme. Denys : entre autre il s'en

de profiter des troubles d'Amérique , furent
encore infuffifans. L'éloquent Barbier ne

trouva un cacheté , fur lequel étoit écrit ; *pour
n'être ouvert qu'après la mort du Roi de Pruffe.*
L'avide Caron n'a pas attendu que ce Prince ait
paffé la barque de fon St. Patron , il a ouvert le
paquet & méprifé les dernieres volontés du poëte
comme il avoit fait celles de feu Mr. du Verney.

Il a lu l'Hyver dernier ces mémoires à qui a voulu
les entendre , ils ont fervi d'Epifode à fon mariage
de Figaro.

Entre autres anecdotes nous en rapporterons
deux plaifantes , l'une concerne Mme. du Châtelet ,
& l'autre le Roi de Pruffe.

Ce Monarque avoit compofé une diatrible des
plus violentes contre l'imbécile Louis XV , & l'a-
voit adreffée à Voltaire pour la corriger. Le Poëte
s'appercut que le paquet avoit été ouvert à la pofte
par des commis que le Roi y entretient aux dépens
du public pour voler les fecrets des familles , fous
prétexte du bien de l'Etat. Il prit en conféquence
le parti d'envoyer la piéce à Mr. le Duc de C——
qui fit venir Paliffot & lui commanda une femblable diatrible contre le Roi de Pruffe. Voltaire à
qui on renvoya l'une & l'autre les fit repaffer au
put

put engager son confrere à aller essayer en
Amérique la trempe de sa cuirasse. Beaumarchais accepta de sa main, pour Secrétaire, son frere Francis, qui au moyen
d'une correspondance bien réglée infor-
moit le gros Gazetier de ce qui partoit

Roi de Prusse, & elles resterent dans l'oubli toutes les deux, jusqu'à ce que Beaumarchais les en
ait tiré.

Cette indiscrétion a mis dans des frayeurs indes-
criptibles l'Auteur de la comédie des Philosophes,
qui rêve jour & nuit qu'il va être assailli par des
escogrifes envoyés par le Roi pour venger S. M.
offensée.

Voici l'autre anecdote. —— Mr. de Voltaire
avoit fait cadeau à la Marquise du Châtelet d'une
boîte d'or à secret, dans laquelle étoit son portrait. Après la mort de cette Dame, il se trouva à
la vente, & la poussa avec un acharnement qui fut
remarqué, & haussa extraordinairement le prix de
bijou. A peine le Poëte l'a-t-il en son pouvoir qu'il
l'ouvre & rencontre au lieu de sa figure celle de
Mr. de St. Lambert; on peut juger de son dépit
d'avoir payé si cher la figure d'un mauvais Poëte.

I. Partie.   F

d'Amérique, & recevoit des avis de ce qu'expédioit la France; malheur aux con-vois fur lefquels le trio n'avoit pas un intérêt raifonnable. L'une des Puiffances belligérantes le prenoit immanquablement, après avoir payé une prime à l'avifeur. Ces Meffieurs avoient adopté la devife :

Tros Tyriufve mihi nullo difcrimine habetur.

Ils vendoient l'Angleterre à l'Amérique, l'Amérique à l'Angleterre , celle-ci à la France, & la France à toutes. Leur con-duite étoit marquée au coin de l'impartia-lité la plus exacte, ils ne faifoient aucune différence entre les trois Nations belli-gérantes.

On croiroit que tant de fources diverfes doù découloient journellement des tréfors, auroient pu enrichir le fils d'un procureur d'Arnai-le-Duc. Point du tout : cet homme, véritable tonneau des Danaïdes n'a jamais cessé d'éprouver le besoin ; son goût pour le jeu & pour la débauche l'a tenu constamment dans un mal-aise qui l'a enfin réuni à cette police qui finit toujours par flatter, & chercher à corrompre ceux qu'elle ne peut réussir à immoler à ses vengeances.

Le pauvre la Mothe que nous avons vu pendre à Londres a été l'une des victimes de leurs affreux traités, & l'on croit que c'est du prix de son sang qu'il a formé le fameux jardin de Standmore, que nous avons vu, & qui contenoit alors une quantité immense de fleurs, de toute beauté.

Enfin il paroît qu'aujourd'hui il tient à la Police de Paris par les liaisons les plus intimes, qu'il est ici son directeur principal, l'introducteur des Ambassadeurs qu'elle envoye, en un mot un vrai *M. le N——à Londres.*

Le Public ne cesse de s'étonner des nombreuses sottises de nos amiraux, & de celles

des Officiers de la Marine. C'est bien moins
à eux qu'il doit s'en prendre qu'aux Ministres qui conduisent ou qui ont conduit le
Cabinet de Versailles. Qui ne connoît la
joie de S—— à la prise des vaisseaux du
Comte de G——, à celle du convoi de
M. de G——n? Le premier porté à la tête
de notre Marine par un nommé Thiery,
valet de chambre du Roi, contre le vœu de
tous ceux qui connoissoient son imbécilité,
a compromis non seulement la fortune de
sa flotte, mais encore la réputation des plus
braves & des meilleurs Officiers de la Marine
du Roi. Quand à la prise du convoi de
M. de G——n elle a été accompagnée de
circonstances si étonnantes, que bien des
gens l'ont attribuée à la vengeance de S——,
qui a placé prés du Mis. de C——s, un
nommé Parmentier qui l'informe de tous
les projets & lui fournit les moyens de les
faire avorter. C'est ainsi que les hommes,
vils troupeaux, font sans cesse le jouet des

paſſions de ceux qui les gouvernent. Le blame & la honte rejailliſſent ſur ceux qui doivent exécuter des ordres ridicules & abſurdes. C'eſt ſur-tout dans la Marine que ces vérités ſe font ſentir plus clairement. Preſque toutes les fautes qu'on reproche à ce corps reſpectable ſont la ſuite de la bêtiſe, de l'inſolence, de la friponerie, des commis, & des Miniſtres. Et ces malheureux ne permettent pas à de braves gens de dire le mot qui pourroit découvrir leur turpitude.

Voilà ce que les Peuples & les Princes gagnent à ce miſtere, à cet eſpionage que leurs Miniſtres leur repréſentent comme l'ame de toutes les opérations. Voilà ce qu'ils gagnent à paſſer des ſommes immenſes pour le ſervice ſecret, & à payer chez l'ennemi, des la Mothe & des Gazetier cuiraſſé.

Ce fut à ce dernier que s'adreſſa à ſon arrivée ce Barbier que l'on avoit envoyé

,our fe procurer des renfeignemens fur la conduite de d'Anouilh, & fur le fort de l'argent. Cet homme qui ne favoit pas un mot d'Anglois n'auroit pu réuffir à rien fans les fecours de M. le Réfident. Ils brûloient tous les deux d'un defir égal de faire trouver d'Anouilh coupable. Les canailles dont fe fert la police mettent tout en ufage pour fe détruire réciproquement. Dès qu'il s'agit de faire la cour au chef rien ne leur eft impoffible. Ils ne réfléchiffent pas que demain peut-être ce fera leur tour, & qu'en perdant leurs camarades, ils ouvrent une porte, frayent un chemin aux petites mouches qui les fuivent dans la hiérarchie de la pouffe. Fripons & lâches en prenant ce métier, ils deviennent fous peu fi coquins, qu'ils ne peuvent l'exercer long-temps. Tout au plus jufqu'à ce qu'imbus des principes de leurs chefs, mais les mettant en pratique fans pudeur, ils finiffent par être pendus ou envoyés aux galeres, par les foins & le

miniftere de quelqu'un de leurs camarades ;
& par nous délivrer des effets , de leur
infernale malice. C'eft ainfi que nos moif-
fons feroient détruites en peu de jours par
les rats fi ces animaux , immondes , ne fe
faifoient entr'eux une guerre cruelle , & ne
diminuoient leur nombre immenfe en fe
dévorant les uns les autres.

Barbier tenoit ici fon tribunal avec la
même gravité que le Lieutenant de Police
donne à Paris celle du premier Vendredi
du mois (1). Il avoit placé fon fiége de

---

(1) Ce Magiftrat juge ce jour-là toutes les malheureufes que la garde de Paris , ou fes fupots ont
rencontré dans les rues ou trouvé exerçant leur
métier fans y être autorifées par ces Meffieurs , &
fans leur payer un droit. Elles font toutes à genoux.
Le Magiftrat paroit avec un air qui témoigne affez
d'importance de fa noble fonction. Les unes gé-
miffent , d'autres moins modeftes découvrent des
appas dégoutans , d'autres difent au juge des véri-

Juſt:ce dans un de ces petits cabarets bor‑
gnes de St. Martin's-lane. Le Gazetier-cui‑
raſſé alloit , & venoit , citant & ammenant
les témoins. Barbier recevoit les dépoſi‑
tions , & les ecrivoit ſur un de ces brouil‑
lards dont la Police tire ſon grand livre.
Entre autres témoins qu'il entendit nous
citerons O ——r , petit maître d'Armes ,
qui joue aſſez bien quand il rencontre des
dupes , qui avoit ſouvent fait la partie de
d'Anouilh. , & ramaſſé quelques-unes des
guinées du département de la Marine. Ils
donna des renſeignemens ſur les liaiſons de
d'Anouilh avec M. Sh ·——n : mais il pré‑
tendit avec raiſon que celui-ci n'avoit pas

tés les plus dures. Le nomment ſouteneur de B--l,
Fripon , Roi des eſcrocs, chef des traitres & des
calomniateurs. Monſeigneur envoye la bande en
gros à l'hôpital & l'en retire en détail pour peu‑
pler convenablement les différens.quartiers de la
ville , & avoir ſoin qu'il ne ſe perde aucune des
branches de ſon revenu.

fait

fait voler celui-là : qu'à la vérité il avoit
été queſtion d'argent & d'offres, mais pas
aſſez conſidérables pour ébranler un homme
de cette conſéquence. « Ce que nous trou-
» vons de plus intéreſſant à cet égard ſur
» les livres de la Police, nous écrit un
» correſpondant, c'eſt l'hiſtoire de Sh——n:
» ce membre du Miniſtere de votre Iſle eſt
» fils d'un comédien. On l'a vu dans ſon
» enfance réciter ſur le petit théâtre de
» Hay-Market des vers de Milton. Après
» avoir joué la comédie ſur divers théâ-
» tres, il s'amouracha de Mis —— dont il
» diſputa le cœur & la main a Mr. __ :
» il en réſulta un duel dans lequel Sh——n,
» fut le vainqueur, & qui le mit en poſ-
» ſeſſion de l'objet de ſes deſirs. On pré-
» tend qu'il ne laiſſa pas de partager ſa
» conquête avec quelques amis, qui le
» dédómagerent par leur protection, &
» l'aiderent de leur bourſe. Il lia une con-
» noiſſance étroite avec le fameux Char-

I. Partie.   G

» les F—x, & vint à Londres où il trouva
» des fonds à l'aide desquels il fit l'entre-
» prise de l'opéra. Enfin dans ce pays où
» rien ne dégrade un homme qui a de
» l'argent; son ami Charles se l'adjoignit
» & lui acheta les voix d'un petit Bourg,
» qui des théâtres du marché au foin le
porterent sur celui des affaires. »

Ce passage de la foire à la chambre des
communes, ne révolte ici personne. On
n'estime guère le sujet, mais il n'en a pas
moins une voix à vendre, & le ministere
l'achete. Je ne sais trop jusqu'à quel point
un citoyen qui vend ainsi la nation à son
Roi, résisteroit aux offres immenses d'un
Prince Etranger. Mais je ne puis m'empêcher d'admirer la sagacité des Ministres
François : ils avoient choisi l'un des membres qu'il étoit le plus probable qu'on réussiroit à corrompre.

Olivier déclara avoir reconduit lui-même
d'Anouilh à la diligence de Douvre, &

certifia que l'hiftoire de ce malheureux étoit un conte inventé pour garder l'argent du miniftre.

C'eft en conféquence de cette dépofition & d'une foule d'autres également recueillies dans la fange des cabarets, fous les aufpices d'un homme également odieux aux deux Nations, que la Police adminiftra à d'Anouilh la queftion ordinaire & extraordinaire. Ils lui promirent fa liberté, & l'obligerent à découvrir l'endroit où il avoit caché fon magot. Enfin pour fortir de la Baftille il fallut rendre gorge. Il tira donc de la ceinture de fa culotte, au grand plaifir de C——s & du vice-Miniftre Receveur un porte-feuille de fatin gris qui renfermoit les précieux reftes de la fortune du Marchand de Parapluyes. J'ignore fi on lui a tenu parole ou fi conduit à Bicêtres il y expie dans les Galbanums, la bêtife du miniftre & la fienne.

A ce récit fidele de la premiere tenta-

tive de la Police de Paris & de ses émis-
saires, je n'ajouterai que peu de réflec-
tions. Elles ne porteront pas sur l'imbécilité du Ms. de C——s, qui s'étoit figuré
pouvoir corrompre avec quelques mille
livres un homme qui a bien d'autres ref-
sources : je ne m'arrêterai pas à faire sentir
la lâche coquinerie de tous les employés
de la police , mais j'observerai combien
cette institution de la tyrannie est dange-
reuse pour toutes les Nations. On a besoin
d'un espion , la Police de Paris le tire de
son corps & le prête à la marine ; on dé-
sire un corrupteur , elle choisit parmi ceux
qu'elle a corrompus. Elle viole en même
temps le droit des Nations , la foi publique , & tandis que nos guerriers combat-
toient pour la liberté de l'Amérique , ses
Pousse-culs de toutes les classes travail-
loient à resserrer les fers des François & à
corrompre la sage constitution de l'Angleterre. Nos lâches ministres véritables chefs

de ce corps déteſtable ſentent bien que l'Angleterre ne doit ſa ſupériorité qu'à la liberté dont elle jouit. Ils craignent qu'enfin nous n'ouvrions les yeux , & qu'à l'exemple de nos voiſins nous ne cenſurions comme elle le mérite leur infâme conduite. Ils aiment mieux ſe débarraſſer d'une rivale en corrompant ſon ſang dans les ſources de ſa vie qu'acquérir la gloire de réformer leur nation en l'éclairant.

Puiſſent leurs efforts pour augmenter les maux du genre humain être à jamais inſtructueux. Puiſſe une longue paix donner aux François la force & le courage d'établir chez eux un Gouvernement raiſonnable, & aux Anglois celle de corriger les abus dont la corruption Politique les rendra un jour ou l'autre les victimes. Puiſſent les les eſpions, les corrupteurs, les délateurs, les boureaux gagés par la Police , les Receveur & les Gazetier Cuiraſſés rentrer dans le néant comme ces ſauterelles qu'un vent impétueux précipite dans la mer avant qu'elles ayent tout-à-fait détruit la verdure.

---

§ II.

Motif du Voyage de Receveur, sous le nom du Baron de Livermont. Son arrivée à Londres.

LE succès du voyage de Barbier & de l'information de Receveur fut un nouveau fleuron ajouté à la Couronne de Barigel. Il se présente presqu'aussitôt une nouvelle occasion de montrer son zèle & d'exercer ses talens. La commission délicate dont on le chargea pouvoit augmenter sa Fortune, qui se monte déjà à plus de 40,000 l. de rente ; gagné partie à arrêter des voleurs, partie à tourmenter d'honnêtes gens. On y joignit pour l'encourager le brevet de Colonel & la Croix de St. Louis. Voici ce qui donna lieu à sa nouvelle campagne.

Il y a environ deux ans qu'un nommé Jaquet, infpecteur de la police de la librairie, fit imprimer un petit Roman qui renfermoit les aventures galantes d'une Princeffe, que nous refpectons infiniment. Nous n'avons aucun doute que ce petit livre ne foit un tiffu de calomnies atroces auxquelles l'auteur a eu l'adreffe de donner trop de vraifemblance, en ramaffant des dates des événemens tous naturels dans une Cour qui a fubftitué la galanterie & la gaieté à la ridicule morgue des regnes paffés. De qui ne peut-on pas empoifonner les actions par une eftampe, une chanfon, un calambour ? Quelque élevé que foit un homme, il ne peut être au-deffus de la malice de fes contemporains.

Et la garde qui veille aux barrieres du Louvre
N'en défend pas les Rois.

L'infidele fuppôt du defpotifme avoit joint à fes récits des Noëls , copies affez bien faites , de ceux que l'on fit fous le regne paffé , & plufieurs eftampes dont nous ne parlerons pas , dans la crainte de contribuer à tirer de l'oubli des productions de ténebre.

On affure que Jaquet n'avoit jamais eu le defir de publier fes pamphlets ; mais feulement d'en vendre la fuppreffion à ceux qu'ils intéreffoient , & de fe faire un mérite de fon zele & de fa vigilance. Il imitoit, dans un autre genre , ce malheureux Garde-du-Corps qui s'étoit bleffé lui-même pour faire croire au feu Roi qu'il lui avoit fauvé la vie , & que ce Prince imbécile eut la cruauté de faire pendre.

Les lettres que faifoit écrire Jaquet mirent fur pied le Lieutenant de police ; il envoya fecretement Receveur en Hollande , en Juillet ou Août 1781 , le Duc de la V — n requit le Magiftrat d'Amfterdam

qui

qui prêta fur le champ main-forte à l'infpecteur de police ; il fe rendit chez les Im-
primeurs , tira d'eux le nom des gens qui
envoyoient les ouvrages , vint les enlever à
Bruxelles , partit dans l'inftant pour Paris,
& y arrêta le pauvre Chevalier de Launay
qu'ils ont étranglé à la Baftille , & Jaquet
dont l'exiftence eft aujourd'hui un pro-
blême.

Nous ignorons fi on lui a confervé la
vie pour rendre plus longs fes tourmens,
ou fi on a , comme on a dit , terminé fa
carriere , par le miniftere de quelqu'un
des Chevaliers de St. Louis de la Police ;
car ce font ces Seigneurs-là qui font à la
Baftille le métier de bourreaux. Il eft probable qu'il n'a pu réuffir à conferver fes
jours qu'en menaçant de la réimpreffion
des mêmes libelles dont il a confié plufieurs exemplaires à un homme ferme &
incapable de trahir fa confiance,& qui lui a
promis de les publier fi on attentoit à fa vie.

I. Partie.   H

Un accident affez fingulier penfa procurer la publication de ces productions
fcandaleufes & des eftampes qui les accom-
pagnoient. Un autre homme de la police
nommé Goupil , renfermé à Vincennes
pour des libelles contre cette pauvre princeffe de Guimenée qu'on a facrifiée avec
fon mari , fous pretexte d'une banqueroute ;
mais en effet pour donner leurs places à
d'autres. Ce Goupil , dis-je , las de vivre dans les dongeons de ce château , fe
précipita dans un puits : horriblement
froiffé de fa chûte , & ne trouvant pas
affez d'eau pour terminer fes jours , il at-
tira par fes cris les Invalides , & enfin le
Gouverneur qui le fit retirer de cette foffe
pour le mettre dans une autre.

On attribua cette aventure à Jaquet ,
on ajouta même que l'on avoit écrit mi-
niftériellement à fa famille en Bourgogne,
de ne plus s'en embarraffer , & qu'il étoit
mort en prifon. Receveur & le Gazetier

ont prétendu que tout cela étoit faux, qu'il a été conduit de la Baftille à Charanton pour y paffer les remedes, & qu'il eft aujourd'hui entre les mains de ces coquins de Moines qui font vœu de tourmenter les hommes qui ont déplu ou déplairont à la Cour. Si la nouvelle de fa mort eût été appuyée d'une probabilité fuffifante, il y a tout lieu de croire que les libelles feroient aujourd'hui publics.

Le dépofitaire des ouvrages de Jaquet ayant appris par hafard le bruit de la mort de cet infortuné, crut l'inftant favorable pour faire réimprimer fes ouvrages, & confulta, fur ce qu'ils pourroient produire, un Libraire qui habite à Londres dans St. James Street, & qui eft affez bien afforti en petits ouvrages de ce genre. On affure même que le propriétaire eut affez de confiance en lui pour lui en prêter un exemplaire. Nous favons mieux que per-

fonne ce qui en eft , mais nous ne le di-
rons pas pour cette fois.

Une perfonne qui a fuivi cette affaire
prétend qu'on ne s'étoit adreffé à B. . . ro
qu'à caufe de fes liaifons avec un ancien
Préfident du Parlement de Meaupeou ,
avec qui Beaumarchais a eu un célebre
procès ; & qui avoit déjà négocié la fuf-
penfion d'un ouvrage dans lequel feu M. de
Maurepas étoit maltraité. On l'avoit payé
très-cher, & fait à l'entremeteur un cadeau
de 250 louis. Le fruit qu'il avoit alors tiré
de fon zele pour le vieillard qui a gouverné
la France , encouragea l'ex-Préfident ; il
écrivit à la Cour , & donna avis à des dépo-
fitions faites au Libraire. Il imaginoit être
comme ci-devant le négociateur , & l'in-
termédiaire entre la Cour de Verfailles &
celui qui la menaçoit : Mais les Miniftres
qui n'ont rien menagé quand il s'eft agi
de faire baffement leur cour à une concu-
bine , y ont regardé de plus près dès qu'il

a été queſtion de ſauver un déplaiſir, même léger, à une perſonne que nous reſpectons trop pour oſer écrire ſon nom parmi ceux dont il eſt queſtion dans cet ouvrage ; d'ailleurs leur craſſe ignorance leur faiſoit croire que le Gouvernement Anglois pourroit à l'occaſion de la paix frapper un coup d'autorité. Ils croyoient trouver à Londres les mêmes facilités qu'à la Haye : & comme Receveur avoit parfaitement bien réuſſi chez les Bataves dégénérés, ils l'envoyerent eſſayer un coup de main en Angleterre. Il s'étoit muni de fers, de baillons, de menottes, & d'autres outils de ſon noble métier : on avoit joint à cet attirail toutes les lettres anonymes qui avoient été écrites à Mme. de Bouillon, au Mis de Caſtries & à d'autres, & celles du négociateur du Libraire de St. James. Il devoit attaquer de trois manieres : la premiere étoit à l'aide de la loi en intentant une action, *pour libelle :* la ſeconde en

obtenant du miniftere un coup d'autorité :
la troifieme en cherchant à s'emparer des
poffeffeurs par force ou par adreffe, & à
leur faire repaffer l'eau. Il fe préfentoit un
grand obftacle contre tous ces projets. Celui
qui devoit les exécuter, ne favoit pas un
mot d'Anglois, le Comte de M——— r n'en
favoit pas davantage : on leur donna pour
adjoint ce vieux Godard, qui porte à Paris
le nom de Chevalier Godard, & qui fait
un peu d'Anglois. Ce vieux compilateur de
l'efpion Chinois, s'eft avifé d'écrire contre
M. Linguet pour faire fa cour à l'autorité :
il a, fans doute, par ce moyen augmenté
les profits qu'il tire d'une charmante créa-
ture, autrefois fa fervante, & qu'il a ven-
due, tantôt à un petit Roi d'Italie, tantôt
à un Ruffe, tantôt à d'autres. Elle a été fur
le point de jouer à la Cour du petit Monarque dont nous venons de parler, le même
rôle que la du Barry en France : mais la
Reine de ce pays, qui n'étoit encore dans

ce temps là qu'à son dix-septieme amant ;
ne voulut pas partager les faveurs de son
mari avec un Anglois ; elle la fit menacer
du Révérend Pere Poignardini, & lui fit
une petite pension à condition qu'elle n'aug-
menteroit pas la *neutralité maritale*, ligue
dans laquelle sont entrés plus de Princes que
dans la *neutralité armée*. Sally partit & vint
à Paris, où son vieux Mercure joignit aux
bienfaits de la Reine effrayée les profits du
jeu, autorisé par la police.

Cette permission de jouer qu'on obtient
de ce Bureau des mauvaises mœurs, équi-
vaut à une *licence* pour faire des dupes.
Gombaud a des Receveurs ambulans, qui
prélevent sur les profits que doivent rapporter chaque sixain, un droit de dix louis.
Que de dupes il faut pour payer une semblable taxe ! Si à l'occasion d'un mariage,
d'une fête quelconque, un particulier veut
faire tailler au Pharaon, il faut qu'il s'a-
dresse au désintéressé M. le N——— ; ce Ma-

giftrat repeƈtable donne un banquier , qui lui paie dix louis à l'inftant de fa nomina-tion ; en un mot , nous le répétons , car on ne peut trop dire ces chofes - là , cette déteftable police qu'on ofe vanter , fe fait payer un droit fur chaque défordre qu'elle tolere. Les loix defendent le jeu , le liber-tinage public des femmes , &c. &c. M⁴ le N ––– difpenfe d'obéir à ces loix , fous prétexte de mitiger les défordres , & de furveiller ceux qui s'y livrent ; mais pour-quoi ne pas faire comme je l'ai vu prati-quer à Londres dans le temps des funeftes tables d'E , O ? les Juges de paix font en-trés par-tout où ils foupçonnoient que fe récelloient les joueurs, & ont livré les ta-bles à la populace qui les a brifées avec fu-reur ; ce bon peuple en les mettant en piéces crioit E O ! avec une indignation qui montroit affez qu'il n'avoit ni caiffier , ni banquier , ni infpeƈteur des jeux , ni tonmmis de ces fecrétaires , ni familiers de

cette

cette inquisition Parisienne qui vécuffent de la ruine des familles , & de celle du commerce.

Godard donnoit à jouer à Paris , & recevoit pour le petit espionage qu'il fait au-dehors de chez lui 6 l. par jour : à Londres on lui en donnoit le double. Douze francs par jour paroiffent une groffe fomme quand on fonge à la quantité d'efpions ; mais c'eft bien peu de chofe pour un homme qui a , comme le Lieutenant de police , une main dans la poche du Roi , & mille dans celles de fes fujers O ! ce M. le N— eft un vrai Briarée, mais un Briarée qui a les bras longs.

On n'épargne rien pour la réuffite de l'entreprife, & pour fournir aux dépenfes de la bande, Receveur étoit muni de lettres de crédit confidérables , & il toucha 400 louis en arrivant ; la maifon de commerce qui les lui conta, fut indignée contre fes correfpondans quand elle apprit l'é-

tat de l'homme qu'on lui avoit recom-
mandé ; elle ne le fut pas d'abord , car le
nom de Receveur n'étant pas un des plus
honorables qu'on puiffe porter dans ce bas
monde , il l'avoit changé en celui de Baron de Livermont. M. le Baron étoit accompagné d'un grand , gros & large coquin , qui a été abbé & houffard , il fe
nomme Humbert , & prétend auffi parler
Anglois ; le detachement débarqua chez le
Comte de Moutier , Plénipotentiaire du
Roi de France Ce Miniftre leur fit promptement chercher un appartement , M. le
Baron fe logea au fecond dans Jermyn
Street , auprès de l'Ambaffadeur , le Chevalier Godard , quelques portes plus bas ,
& le Mouchard près de fon maître.

§ III.

Portrait du Cte. de M——r , Plénipoten-
tiaire de F——ce.

CE ne fut pas fans peine que le Gazetier Cuiraffé obtint la Surintendance de l'efpionage de Londres , la rivalité des inférieurs , & la défiance du maître lui ôterent prefque cette bonne aubaine ; fon indifcrétion étoit d'ailleurs fi bien connue de tout le monde , qu'elle fournit un prétexte fpécieux à Godard pour s'efforcer d'empêcher le Baron de Livermont de fe lier avec lui : mais un attrait invifible entraînoit trop fortement le judicieux négociateur ; peut-être même que des ordres de la Cour le forçoient à cette coalition, car il avoit fes inftructions fecretes & recevoit & envoyoit des volumes de papier tous les couriers.

Le Cte. de M——r avoit été témoin des efforts de Godard , & fortement ébranlé par fon éloquence, mais c'eſt un être ſi nul & ſi indécis qu'il céda au ton d'autorité qu'employoit R—— r; il paroît que celui-ci étoit à-peu-près l'égal de l'autre , au moins traitoit-il avec lui comme ſi la choſe eût été telle. « Ma miſſion , diſoit-il aſſez hautement, eſt réelle , j'ai un objet , & je viens pour négocier quelque choſe. »

Il n'achevoit pas , mais ceux qui l'entendoient ſe diſoient à eux-mêmes; qu'eſt-ce que cette Ambaſſadeur par interim ? que vient-il faire ici ? pourquoi n'avons-nous pas un Pitt qui le traite comme ce Miniſtre traita Buſſy qu'on avoit envoyé lors de la derniere guerre ? Le phyſique du Cte. de M....r n'en impoſe guere plus que celui de Buſſy. C'eſt un petit brun d'aſſez mauvaiſe mine , qui ſans être laid , a une de ces figures qui rebutent au premier abord , & une morgue qui ne dément pas l'effet de fa phifionomie; on le prendroit plutôt pour un commis de bureau, pour un homme de l'efpece d.s Haynin, des Gambard que pour un homme de qualité. C'eft pourtant le fils d'un vieux Marquis de M . . . . r que nous avons vu à Paris manquant du nécef-faire, & fans ceffe aux expédiens. Auffi le Comte eft-il un *Ambaffadeur de fortune.* D'abord Secrétaire d'Ambaffade du Cte. de Guines, puis Envoyé dans une petite Cour d'Allemagne, & enfin, Plénipoten-tiaire à Londres, lors du traité entamé par Gerard de Reynneval. Il a toute l'infolence d'un parvenu du corps diplomatique, dont les membres s'imaginent qu'un air de ré-flexion & de hauteur en impofe fur leur incapacité, ces Meffieurs ont beau s'enve-lopper de la peau d'un ours, un petit bout d'oreille les trahit toujours : ne fait-on pas malgré leur ton & leur air que des gens qui pratiquent une fcience fans principes, qui n'ont eu d'occafion pour s'inftruire que la pratique abſurde des bureaux, de qui les têtes ſont troublées par des idées de monarchie univerſelle, d'empire de la mer, de droit des gens, qui n'eſt pas un droit, de loix de la nature fabriquées par les hommes, qui paſſent leur plus belle jeuneſſe à faire ſemblant d'étudier Grotius & le Baron de Puffendorf, ne peuvent ni ne veullent procurer le bien des Nations On réuſſiroit auſſitôt à perſuader qu'un Theologien entend la morale, ou un arpenteur la géométrie. Rien ne détruit plus le génie que les pratiques minutieuſes : voilà pourquoi il eſt ſi peu de commis de miniſtres & d'Ambaſſadeurs qui en aient l'ombre la plus légere.

M. de M——r eſt la preuve de la juſteſſe de ces réflexions : on aſſure qu'il étoit aſſez bien dans les emplois ſubalternes, mais aujourd'hui le ſentiment de ſa propre incapacité, le tient continuellement ſur ſes gardes. Il eſt toujours embarraſſé du rôle

important qu'il croit jouer. Il fupplée à
tout par l'infolence. Nous allons en donner
un exemple.

Etant Secrétaire d'Ambaffade, il avoit
des liaifons très-intimes avec un artifte qui
deffine pour les manufactures de foie, il lui
avoit fait plufieurs vifites, & même mangé
chez lui à la campagne. Il étoit venu à
Londres avec des recommandations du
vieux Marquis qui avoit rendu quelques
fervices à la mere du deffinateur. Le vieux
Marquis qui avoit befoin de tout le monde
ne dédaignoit perfonne, & L — u n'eft pas
à dédaigner. C'eft un homme diftingué dans
fa partie qui gagnent 500 louis par an
dans une manufacture. Il a de l'efprit,
fait de jolis vers, eft très-honorable chez
lui. Nous devons avouer qu'il ne hait pas
les laides filles, & qu'il aime le mauvais
vins ; mais il avoit ces goûts là dans le
temps où le Comte de M — r , encore Secrétaire d'Ambaffade, le voyoit avec plaifir. Il

feroit peut-être à fouhaiter qu'un tempéramment vigoureux permit à fon efprit
d'épurer fes paffions & fon ftyle, mais tout
homme raifonnable conviendra qu'il a pré-
cifément affez de mœurs pour être vu avec
décence & avec plaifir, & préférera les vices
de L — u aux vertus du Cte. de M——r.

Lors de la feconde apparition du Comte,
fon ancien camarade de College, crut devoir à fon titre une vifite de politeffe. Mais
ce même titre fut une raifon dont le Miniftre fe prévalut pour ne pas la lui rendre.
Il le reçut même avec une hauteur & un
froid qui glacerent d'ennui le Franc-Com-
tois; en conféquence de cet accueil, de
fon goût pour la liberté, & de l'impoli-
teffe du Miniftre, il n'y retourna plus, &
laiffa le champ libre aux Recéveur & aux
Morandés.

Affûrément il fit très-bien; je ne faurois
m'empêcher de louer cette noble affurance
avec laquelle un homme à talens fe fait
rendre

rendre ce que l'on doit à fon état. Rien ne m'infpire du mépris pour certains hommes de lettres, comme la lâcheté avec laquelle ils encenfent les gens en place. Si Mr. l'Abbé Aubert ne le trouvoit pas mauvais, je révelerois au public, à cette occafion, une petite anecdote qui eft tout-à-fait cu-rieufe.

——Un jour Mr. le Duc de la V——re dormoit après-dîné au milieu d'une foule de gens de lettres. Marmontel étoit du nom-bre, & notre illuftre Abbé auffi ; on peut juger par-là de la profondeur du fommeil du Duc. Quelqu'un de la compagnie re-marqua la tranquillité avec laquelle il dor-moit parmi tant d'auteurs. Ha ! s'écria l'Abbé, quand on dort fi bien , que l'on doit avoir l'ame pure ! *c'eft bien là le repos du jufte !*

J'efpere que mon cher cenfeur laiffera paffer ce petit trait qui joint à notre ad-miration pour fes talens, & aux fables de

I. Partie.   K

longueur qu'il *intercale* par fois dans le
Courier de l'Europe , m'a paru propre à
fournir à nos lecteurs une idée parfaite de
son génie & de son ame. On fent bien qu'un
cenfeur auffi judicieux n'a pu manquer de
fupprimer bien des morceaux de ce petit
ouvrage. C'eft à lui que nous devons notre
modeftie & notre retenue.

J'en reviens à nos beaux efprits. S'il fe
pouvoit que la fumée de la gloire fit fur
leur cerveau plus d'effet que celle des vian-
des , je les prierois de fuir les dînés qui
leur font deftinés. Les grands Seigneurs les
traitent comme les Anglois leurs fermiers,
il y a toujours quelque piéce de réfiftance
aux dînés académiques , & fouvent un mê-
lange bien humiliant.

On trouvoit , par exemple , chez l'Ambaffadeur de Naples , Mr. de la Place , (ce
n'eft pas le Mercure , notre remarque tom-
beroit, mais le géométre) à côté de Co-
queo , mangeant l'un & l'autre du même

appétit. On voit par là que la science ne
fert à rien ; un ignorant a un auffi bon ef-
tomac qu'un géomêtre , & fouvent un auffi
mauvais cœur. Il eft vrai que pour étre à
fon aife dans ces dînés il falloit étre marqué du figne de la bête , tenir au parti par
quelque coin : foit en qualité de héros , de
trompette , d'efpion , &c. &c. car les partis littéraires fe modelent fur la police.
Mais enfin fi j'avois du mérite , je ne dîne-
rois pas indifféramment par-tout Rouffeau
ne dînoit chez perfonne , ou mangeoit au
moins fans parler : mais l'Abbé Aubert
parle & mange , auffi n'eft - il pas un
Rouffeau.

Je m'apperçois, Lecteur, que j'ai fait
comme un poëte de l'antiquité qui avoit
entrepris l'éloge de deux Athletes , & le
récit de leurs combats. Il dit un mot de
ces preux , puis loua Caftor , Pollux &
mille autres Héros. Je comptois peindre le
Comte de M ——r , & je vous ai parlé de

nos plus grands perſonnages. Quelle diſ-
greſſion ! pardonnez-là moi , je vous en
conjure , & ſi je vous endors après dîné ;
fuſſiez-vous auſſi calomniateur quel'Auteur
de l'Année Littéraire , auſſi hypocrite que
V——s, plus bête que l'auteur du Mercure , plus vain & plus ſot que Cadet l'A-
poticaire , plus fripon que M. le N—— ,
plus ignorant qu'A—— : je m'écrirai , O
comme il dort du ſommeil du juſte !

§ I V.

*Réception du fameux Gazetier. Petits
Maneges de Godard. Les Petits Soupers
de l'Hôtel-de-Bouillon.*

LE Baron de Livermont l'ayant , comme nous l'avons dit plus haut , emporté
d'autorité , & miniſtériellement ſur l'avis
de Godard & du Comte de M——r , on

manda le Gazetier Cuiraſſé , peu de gens
étoient plus propres que lui à former une
ſociété agréable pour le Baron. Godard
lui - même avoit encore trop de nobleſſe
dans l'ame. Un cœur auſſi noir, auſſi dur,
quoique pleurant quand il en a envie , une
tournure d'eſprit auſſi commune , des ex-
preſſions auſſi baſſes, ce même argot qu'il
a apporté de Bicêtre , & que le Baron ,
qui y paſſe la moitié de ſa vie , poſſede
ſupérieurement , la même haine pour le
genre humain , le même front qui ne rou-
git jamais , la même lâcheté dans l'ame ,
en un mot une ſimpathie dont il eſt bien
peu d'exemples dans ce monde, ſembloient
prédeſtiner notre Gazetier Cuiraſſé à partager les plaiſirs du recruteur de Bicêtre.
Le Gazetier joignoit à des qualités analo-
gues à celles du Sbirre une grande con-
noiſſance du théâtre des exploits du Baron,
un plaiſir à entendre le récit du deſtin de
ſes anciens compagnons , un certain goût

qu'il a confervé pour les hiftoires de voleurs , dont fe repaiffent à Arnai-le-Duc ,
fes oncles , fes coufins , les favetiers de l'endroit , qui connoiffent par leurs noms &
fur-noms tous ceux qui ont fini en public
en Bourgogne.

A peine le Gazetier Cuiraffé eut-il reçu
le meffage qu'il fe rendit à l'hôtel du négociateur , qui le reçut en cérémonie , & lui
adreffa la harangue que vous allez lire.

« Je fuis chargé, Monfieur, par le Mi-
» niftre du Roi, mon maître , de vous
» offrir un moyen de vous laver à jamais
» des taches dont les erreurs de votre jeu-
» neffe ont fouillées votre exiftance. Vous
» avez fait trembler feu M. de Marigny,
» en le menaçant de révéler fes goûts con-
» traires à la nature, vous avez tiré de lui
» une penfion que fes héritiers vous conti-
» nuent. On paie des gens pour faire du
» bien , & l'on vous donne de l'argent pour
» ne pas nuire. Vous avez prêté votre nom ,

» & quelques-unes de vos phrases à une
» Mme. de Courcelle qui vous a fourni les
» anecdotes scandaleuses, que nous avons
» lues dans votre plat Gazetier Cuirassé :
» ouvrage qui vous a brouillé avec Apollon,
» tout autant qu'avec la Cour de Louis XV.
» En dépit de votre réputation de plat
» écrivain, vous avez effrayé la du Barry,
» & vous avez vendu la suppression de sa
» vie un prix que Rousseau n'a pas tiré
» de tous ses ouvrages ; vous avez lâche-
» ment insulté le Comte de Lauraguais ;
» vous vous êtes rétracté avec plus de
» lâcheté encore, pour éviter le juste châ-
» timent de vos calomnies ; en un mot ,
» vous vous êtes aussi mal conduit en An-
» gleterre qu'en France ; c'est vous qui
» avez enseigné l'art de faire contribuer les
» riches vicieux en les menaçant d'un libel ,
» & qui avez introduit dans la littérature
» la manœuvre de ces gens qui forcent les
« paysans de leur donner de l'argent en les

» menaçant de brûler leur granges ; en un
» mot, vous êtes le plus heureux de tous
» les libelliftes, & le digne percurfeur de
» Jaquet; n'importe, R — r que vous
» voyez ici décoré de la Croix de St.
» Louis, n'a pas toujours fait la guerre aux
» voleurs. C'eft après avoir appris, en
» vivant avec eux, les rufes de ces Mef-
» fieurs, qu'il eft parvenu à les détruire.
» Nul n'eft plus propre que vous à purger
» ce pays-ci, non-feulement des libellif-
» tes, mais même de tous ceux qui écri-
» vent en François. C'eft à ce prix que
» l'on vous délivrera une indulgence plé-
» niere : c'eft Mgr. de V——s qui vous
» parle par ma bouche. Allez, m'a-t-il
» dit, tout ce que vous lierez à Londres
» fera lié à Paris, & tout ce que vous
» délierez en Angleterre fera délié à Ver-
» failles. Partez, phantôme d'Ambaffadeur;
» allez mettre la main à un traité déjà
» conclu, & fongez que les articles fecrets
doivent

» doivent être l'extinction de la liberté de
» la presse en Angleterre, l'expulsion des
» écrivains, & s'il se peut, l'établissement
» d'une police qui correspondant avec celle
* de Paris, ôte aux Anglois, par adresse,
» cette liberté que nous n'avons pu leur
» ravir par la force. C'est de mon dépar-
» tement que partiront les boulets qui diri-
» gés plus sûrement que ceux du Comte
» de G——, détruiront une rivale de qui
» la prospérité m'irrite, & que dix siecles
» de combats n'ont pu réduire.

  » Imitez ma modération & mon hypo-
» crisie ; je vous donne pour adjoint un de
» ces hommes nés heureusement pour le
» maintien du despotisme. Il vous servira
» de la tête & de la main : & , m'a-t-il dit
» à l'oreille, si quelqu'un vous paroissoit
» de trop dans Londres, il trouvera quel-
» que stratagême , quelque moyen de le
» faire rentrer à quatre pieds dans terre.

  » Mais ce n'est pas tout, a-t-il ajouté:

» il eſt là bas un homme qui jadis oppoſé
» aux deſirs de ſon maître, a été le fléau
» de mes prédéceſſeurs ; c'eſt le fameux
» Gazetier Cuiraſſé, dont la réputation a
» volée des bords de la Tamiſe aux cô-
» teaux de la Bourgogne ; auſſi chaſte que
» Grécourt, auſſi ſpirituel que Nonotte ,
» auſſi vertueux que des Fontaines , auſſi
» déſintéreſſé qu'Harpogon ; il joint à une
» étonnante activité le plus vif deſir de
» nuire ; ſondez les replis tortueux de ſon
» cœur , & ſi vous l'en trouvez digne ,
» initiez-le à vos myſteres , & recevez-le
» au nombre des élus ; c'eſt à ce prix qu'il
» peut effacer des livres de la police la note
» de ſon voyage à Bicêtre, & de tous ſes
» forfaits depuis ſon évaſion.

  » Vous répondrez , ſans doute , aux
» bontés du Miniſtre , & m'aiderez à être
» l'heureux canal duquel découleront les
» graces dont il va vous combler ».

Le Gazetier ſe courbant , comme ces

cruches qui ne fe penchent que pour fe remplir, lui dit : O ! Monfeigneur, Votre Excellence, & Mgr. le Cte. de V———s ont trop de bonté : oui, fans doute, je brûle du defir de mériter mon pardon & de revoir ma chere patrie. Ah ! que j'ai verfé de larmes depuis que par une jeuneffe imprudente je m'en fuis fermé la porte à jamais. A ces mots, fes yeux fe rapétiffent, fa bouche fe retire vers fes oreilles d'une maniere effroyable, fes narines s'épanouiffent, & il laiffe tomber quelques larmes. C'eft ainfi que les compagnons d'Uliffe changés en pourceaux en verfoient à la vue de leur chef. Il reprit en ces mots qu'interrompoient de moment à autre des fanglots qu'on auroit pris plus aifément pour l'effet d'une indigeftion que pour des marques de fenfibilité. ——Croyez - en mes larmes, Monfeigneur, je brûle du defir de réparer ma faute, j'y cours, & fi Monfieur veut prendre en moi quelque confiance,

L 2

nous ferons trembler ceux qui ofent mar-
cher fur mes traces. Qu'il me fuive , je ré-
ponds de tout.

Oui , fans doute , je m'y confie , répondit le Barrigel , avec une candeur égale à
celle de M— s. Je lis fon mérite dans fes
yeux : voilà , voilà mon Ariadne , il va me
mettre en main le fil qui peut me guider
dans ce labyrinthe. Humbert Godard , éloi-
gnez-vous , faluez avec refpeét votre nouveau camarade , ou plutôt reconnoiffez un
maître. A ces mots on apporte le collier de
l'Ordre , une roue fufpendue à une corde
de chanvre de fix lignes de diamêtre , une
Croix de St. André , fur laquelle un malheureux fembloit prêt à expirer , une Croix
de St. Louis attachée à une chaîne , deux
bagues en forme de menottes , tels font les
attributs de l'ordre dont R——r eft Grand-
Maître ; le Plénipotentiaire s'affoit dans un
fauteuil , le Gazetier s'agenouille , & prête
entre fes mains le ferment de trahifon &

d'efpionage , & donne la foi de Bohéme ;
R —r lui applique à l'inftant fur la nuque
un grand coup de pincette , Godard lui
paffe la corde au cou , Humbert lui chauffe
les menottes , & tous l'embraffent en cho-
rus.

C'eft ainfi que fut reçu parmi les
ambulans de la police l'illuftre Gazetier
Cuiraffé.

Cependant Godard ne reftoit pas oifif;
il venoit, difoit-il, en Angleterre pour
faire imprimer un ouvrage contre Linguet,
la rufe étoit groffiere, la France n'étoit-
elle pas le pays le plus propre pour une
femblable opération! Il demandoit de l'é-
criture de tous les François fous prétexte
d'en choifir un pour recopier fes ouvrages ;
fon entremetteur étoit le bon homme
Dupré, le ferme foutien de la table de
Grobetty ; il fe procura par fon moyen
de l'écriture de tous ceux qui étoient fans
place.

Vous ne concevez guere, Lecteur, ce qui pouvoit faire defirer l'écriture d'une foule de François faméliques qui inondent le pavé de Londres. Je vais fatisfaire votre curiofité.

Il eft dans Londres une dame de Bouillon, qui ne paffe pas pour l'imitatrice des vertus de Lucrece. Je ne fais qu'elle manie a prife à fon cocher, mais il eft de fait qu'il s'eft pendu l'Hiver dernier, avec la corde de fon fouet. Comme il eft fort rare que les cochers prennent la peine de fe pendre eux-mêmes, cet événement fit grand bruit à Paris. Un écrivain dans le goût de Morande, recueillit le fait, en expliqua les caufes à fa maniere ; il prétend qu'après avoir affayé inutilement de démonter le grand Ecuyer, Mme. de B ——n voulut remonter M. de Caftries : il affure qu'avant d'être mariée, elle avoit eu un enfant d'un jardinier du Margrave, fon pere, & qu'ayant confervé du goût pour l'opération, elle a fubftitué l'allegre Mis. de Caſtries à ſon important mari. Il prétend que cette union a été le fruit de l'appareillage du Chevalier de C — y , grand Mercure de ſon métier ; mais comme nous avons déjà parlé de M. de Caſtries , & que nous eſpérons que ceci ſervira à la poſtérité à compoſer l'hiſtoire de ſa vie ; nous allons raconter ce qu'en dit l'Ecrivain des *Soupers*.

Le Marquis de Caſtries, nous dit-il , eſt un Seigneur qui , pour avoir été Gendarme , n'en eſt pas moins modeſte , malheureuſement la nature l'a doué d'un tempéramment qui ne s'accorde guere avec la morale de l'Evangile. D'ailleurs , ſes plans de campagne , & l'étendue aſſidue des affaires de ſon département, l'ont échauffé à un point extraordinaire ; toutes ces cauſes font que ſouvent la chair ſe révolte contre l'eſprit. Depuis bien des années il a eu en Mme. Gourdan la confiance la plus étendue ; mais las de donner toujours ſon corps , ſans ſon

cœur , il a pris enfin le parti de l'offrir en
facrifice à Mme. de Bouillon.

Il s'eft trouvé entraîné plus qu'il ne
croyoit ; Madame avoit perdu , & n'avoit
pas affez d'argent, il tire fa bourfe , ou
plutôt celle de la Marine , croit que la
Dame en ufera modeftement , la Princeffe
prend tout.

On n'aime pas à faire des avances inutiles , & les avares amoureux font avec leurs
maîtreffes comme avec ceux à qui ils prêtent,
le premier écu eft plus difficile à tirer
d'eux que le premier million ; le nouveau
marin court donc le lendemain chez fa
débitrice, & en peu de temps fe paie , non
pas *in ære* , mais *in cute.*

On charge une femme-de-chambre vieille
& laide d'introduire l'amant dans l'hôtel
par une petite porte du jardin. La Soubrette
fe repofe de ce foin fur un cocher qui fait
pour elle , bien mieux que n'eût pu faire
tout le Miniftere enfemble ; enfin l'inconf-

tance

tance de cette vieille Meſſaline l'oblige à changer ſon cocher épuiſé contre un Théatin frais & vigoureux.

Elle retire la clef à l'Hyppolyte amoureux & jaloux , pour la donner au Frappart effronté ; mais la jalouſie qui depuis Phaeton n'a jamais tourmenté un cocher, s'alla fourrer dans le cœur de celui-ci. Il épie , fait ſentinelle , rencontre le Théatin en chemiſe , allant regagner ſa jaquette ; & l'étrille à coups de fouet de maniere à calmer pour quelque jour l'inquiétude de la chair.

Les Moines ſont vindicatifs ; celui-ci qui ſe partageoit entre la vieille femme-de-chambre qu'il attaquoit en proue , & le Miniſtre qu'il prenoit en poupe , au lieu de remplir ſon devoir ordinaire , fait un demi tour à droite & ſe trouve dos à dos avec le Miniſtre ; le Mis. ſe tourne prêt à ſe venger ſur le Moine de cette horrible indifférence , il apperçoit le dos du frere, diapré d'une maniere inaccoutumée ; ô ! Frappart, s'écrie-t-il, ta donnes-tu donc toi-même la diſcipline, ou M. le N —— t'auroit-il envoyé chanter un *miſerere* ſur le parvis de Notre-Dame, avec un flambleau du poids de quatre livres à la main.

Le Moine s'explique auſſitôt, vole de la femme-de-chambre au Miniſtre, & du Miniſtre à la femme-de-chambre. Le Marquis s'anime, rend à la Ducheſſe ce qu'il a reçu du Moine, & l'on décide en comité qu'on fera mettre à Bicétre le cocher flagellant.

Le malheureux entend ſa ſentence, ſe voit déjà entre les mains de R —— r, ou de Du Tronchai.

Le déſeſpoir, la frayeur des tortures, lui troublent la tête, il ſe pend avec la 'corde du même fouet qui lui avoit ſervi à roſſer le Gribourdon du Mis. Conculix.

Voilà un extrait fidele & court de la brochure intitulée, *les Petits Soupers de l'Hôtel de Bouillon.* Avec ce que je vous en dis, vous ſavez ce qu'il y a de plus intéreſſant ; au reſte, vous trouverez cette petite ordure ſur la boutique du Libraire de St. James's.

Cet ouvrage paroît avoir été compoſé pour faire contribuer la Ducheſſe. On lui avoit écrit des lettres anonymes, elle s'étoit décidée à faire faire à Caſtries un ſacrifice de 150 louis pour ſupprimer cette caricature; on en voulut 175 ; on la laiſſa paroître, mais on envoya ici R——r pour en pourſuivre l'auteur , & traiter en même temps avec les poſſeſſeurs des *Paſſe-Temps d'Antoinette* & du *Viſir de V——s*.

§ V.

Manifeſte de la Canaille. Le Tocſin.

A Peine l'eſprit de la police fut-il deſcendu ſur le Gazetier Cuiraſſé, que comme autrefois les Apôtres, il ſe crut doué du

don des langues, & de celui des miracles.
Il raffura d'un ton d'infpiré fon nouvel ami
à qui deux objets laiffoient peu de repos ;
l'un étoit le danger d'être déchiré par la
populace, & l'autre celui d'être berné dans
les papiers - nouvelles ; quant au premier,
on lui promit d'aider le mouchard, à fup-
pléer aux poings affoiblis par l'âge ; & quant
au fecond on lui raconta le fingulier com-
bat avec l'auteur d'un des papiers éphémeres, on s'engagea même à obliger ces Cy-
gales à chanter les louanges de la bande,
& à étourdir de leurs cris ceux qui pourroient être téntés de faire inférer quelques
paragraphes dans leur gazette.

L'occafion s'en préfenta bien-tôt & fut
faifie avec avidité par le Gazetier Cuiraffé,
brûlant du defir de montrer fes talens, &
de perfuader au Baron qu'il écrivoit parfaitement bien l'Anglois. La difparition fubite de quelques François fournit matiere
à fes plaifanteries qui font toujours affai-

fonnées de fel attique comme le Gazetier
Cuiraffé.

Il avoit , à fon ordinaire , mené le Baron
de cabaret en cabaret : mais outre que la
fimplicité de la cuifine des endroits où mangent ceux des étrangers qui vivent de quelques talens , ou même d'un métier , éloi-
gnoit de ces tables bruyantes le Gazetier af-
famé , une crainte des affiettes , des bâtons
qui auroient pu tout-à-coup pleuvoir fur
le couple illuftre , ne leur permit en aucune
maniere de s'expofer à fatisfaire leur curiofité aux dépens de leur délicateffe. On fe
contenta d'y députer Humbert , Humbert ,
dont les épaules & les poignets fembloient
provoquer les braves de la Halle ! on l'a-
voit chargé d'écouter & de tenir de tout
ce qui fe diroit un regiftre fidele & exacte.
La fubite apparition de cette groffe mouche fit difparoître comme un ombre la foule
qui dîne chez Grobetty.

O ! Grobetty , divin Suiffe , de qui les

plats ne font que toucher la table ; il resta
pour la premiere fois quelques débris de
tes ragoûts dégoûtans. Marguerite en gé-
mit, ton épouse en recula d'horreur, & le
graveur Benefet pensa mourir d'indigestion
pour te sauver une pareille avanie.

A peine l'homme à la cuirasse fut-il ins-
truit de l'accident de l'illustre Grobetty,
qu'il saisit cette occasion pour célébrer dans
les papiers éphémeres le Voyageur cause
de tous ces maux. Peut-être n'étoit-il pas
fâché de fixer les yeux du public sur les démarches de gens dont il n'étoit pas très-
sûr, & qui étoient arrivés à Londres avec
des soupçons qui n'étoient pas tout-à-fait
dénués de vraisemblance : ils croyoient les
petits soupers & le Gazetier de la même
main. Ils fondoient leurs conjectures sur les
liaisons continuelles du Gazetier avec Mme.
de Courcelles sur les fréquents voyages du
Secrétaire sans culotte, sur une certaine
note où l'on lisoit, *humer la bavaroise*, &

étrangler le pain au lait. Enfin, ils ne croyoient pas imprudent de mettre le public dans la confidence d'un voyage dont les fuites pouvoient être funeftes, même à ceux que l'on ne faifoit que foupçonner.

Voici le manifefte que répandit en mauvais Anglois (*broken English*) le guide de la bande tranfplantée : nous allons en donner ici la fubftance, on avoit choifi le *New Daily Advertifer* pour champ de bataille.

« Des Officiers de la police de Paris, dit-on dans celui du 27 Mars, étant venus à Calais à la pourfuite de quelques coquins qui avoit volé à Paris avec effraction, & ayant appris dans ce port que ces fripons avoient été arrêtés par la Maréchauffée de l'Ifle en Flandre, ayant d'ailleurs de l'argent à dépenfer, font venus en Angleterre.

« Leur préfence a fait déferter une foule de François qui mangent ordinairement à table d'hôte, & qui connoiffoient très-bien

ces Meſſieurs par le miniſtere deſquels la
police de l'aris les envoie de temps en temps
prendre l'air à Bicétre. »

La plaiſanterie alloit d'autant moins dans
la bouche du Gazetier, que c'eſt par le
miniſtere même de Receveur qu'il avoit été
envoyé à Bicétre pour avoir privé ſa maî-
treſſe, du moyen de ſavoir promptement
qu'elle heure il eſt. (1)

Cet avis répandit l'alarme parmi tous
ceux qui avoient à redouter la vengeance
des Miniſtres François. M Linguet venoit
de publier ſes Mémoires ſur la Baſtille ; il
put avec raiſon concevoir des défiances.
M. de Ste. Foi, de qui le procès ne prenoit pas une bonne tournure n'étoit pas ſans
quelque crainte. Chacun ſe défioit, & ſe met-
toit ſur ſes gardes, ce qui étoit auſſi naturel qu'il l'eſt à des voyageurs de charger

---

(1) Il avoit mis ſa montre en gage.

leurs piftolets pour traverfer un bois dans
lequel on dit qu'il y a des voleurs.

Mais la circonftance la plus fatale pour
ces honnêtes Meffieurs, fut que le hafard
conduifit dans un Café un M. de la F....
le plus étourdi de tous les hommes & le plus
grand ennemi des efpions, & autres fupôts
du defpotifme. Il ne fe cache pas de l'horreur que lui infpirent ces Meffieurs, & il
difoit publiquement que fi on les pendoit,
il iroit les voir à Tyburn, quoiqu'il n'eût
jamais voulu voir exécuter perfonne. Il ne
fe borna pas à fouhaiter une fin brillante à
ces Meffieurs, il fe hâta de prévenir cet
heureux événement & d'en donner avis à
fes amis à Paris. Il eut même la folie, après
dîner, d'écrire à MM. A—— & le N——
des miffives en forme de lettres de cachet,
dans lefquelles il leur annonçoit que Receveur avoit été mis à Newgate, & prioit
Dieu qu'il les eût en la même garde. Les
Miniftres envoyerent les lettres à Receveur

pour chercher à connoître l'écriture ; le
fou qui les avoit écrites eut la bonhomie
de s'en avouer l'auteur. On ne fait fi c'eft
par imbécilité ou par envie de témoigner
fa haine impuiffante à ces Meffieurs ; mais
quelqu'ait pu étre fon motif le fait eft certain.

A peine eut-il lû le *New Daily* qu'il fe
mit en quête & découvrit la canaille. Il
donna avis de l'arrivée du Receveur à M.
Linguet & à d'autres perfonnes, afin qu'on
fe tînt fur fes gardes. On le foupçonne
même, quoiqu'il s'en défende, d'être l'auteur de la piece dont nous allons donner
la traduction & qu'on diftribuoit dans les
rues.

TOCSIN,

Ou avis à toute Perfonne , & fur-tout aux Etrangers.

L'Efprit généreux des Anglois eft indigné contre une bande de défefpérés coquins (1) , arrivés de Paris , munis de baillons & de poignards pour enlever les auteurs des trois brochures fuivantes.

Les Paffes-Temps d'Antoinette.

Les Amours du Vifir V ——— s.

Les Petits Soupers de l'Hôtel de Bouillon.

Ils ont amené des chaifes de pofte à

(1) L'un d'eux eft le fameux Receveur qui a déjà été à Londres il y a quelques années , pour enlever le Sr. Morandes , auteur de plufieurs libelles contre des gens en place.

panneaux , dans lefquelles on peut aifément cacher un homme , & qu'ils tien-
nent aux environs de Duke-Street.

Cette piece fit un effet terrible fur l'efprit de la populace Angloife. Les gens de
métier , fur-tout les Compagnons - Impri-
meurs , qui font les fermes foutiens de la
liberté de la preffe , promirent tous de
mettre les efpions en pieces s'ils pouvoient
les découvrir. Plufieurs perfonnes firent des
efforts inutiles pour engager les auteurs des
papiers publics à les démafquer. Tous les
propriétaires de ces papiers avoient été ga-
gnés , & ne voulurent rien inférer.

§ V.

Démarches du Comte de M——r & de R--r auprès du Sr. Boiſſiere, Libraire de St. James-Street.

CE qui ſe préſentoit de plus naturel, étoit de s'aboucher avec l'Auteur des lettres qui avoient attirées la députation à Londres. Mais comme on imaginoit bien que M. de G——n, ne ſe prêteroit pas facilement à négocier avec un homme de l'eſpece de Receveur ; le Comte de M——r ſe décida à le faire prier de paſſer chez lui. Celui-ci trouva le Plénipotentiaire accompagné de ſon adjoint Receveur, témoigna ſa ſurpriſe de ce que le Miniſtre avoit renvoyé ſes lettres à Londres, & chargé de traiter avec lui des intermédiaires qui ne paroiſſoient d'aucune néceſſité dans l'affaire. Son étonnement augmenta quand il entendit le nom de l'homme que le Ministre lui présentoit, & qu'il se vit interrogé avec une hauteur & une astuce de Président, par un Alguasil du Lieutenant de Police. Le pauvre Comte faisoit aussi des questions, & interrogeoit avec un air d'importance. Cependant après s'être bien assuré que rien n'en imposeroit à l'homme à qui ils s'adressoient, ils prirent le parti d'en revenir à la douceur, & de prier.

M. de G —— n voulut bien se prêter à leurs desirs, & conduisit le mouchard décoré dans la boutique du Sr. Boissiere. « Monsieur, dit-il, en entrant, je vous présente M. Receveur, successeur de l'Avocat Limon, & chargé, à ce qu'il prétend, d'acheter la suppression des *Soirées d'Antoinette*; je lui ai fait sentir qu'on ne se prêteroit pas sans peine à traiter avec lui, qu'on ne lui laisseroit même probablement pas voir l'ouvrage dont il s'agissoit. Il croit que j'ai allarmé la Cour de France par la menace d'un ouvrage qui n'exifte pas ; vous favez ce qu'il en eft. M'avez-vous montré cet ouvrage ? Oui, Monfieur, je vous l'ai montré ; où eft-il, reprit avec chaleur le Barrigel, qui s'imaginoit n'avoir qu'à mettre la main deffus. Monfieur, je n'en fais rien, je l'avois alors, je l'ai rendu, & je ne fais plus rien qui ait trait à cette affaire. »

En difant ces paroles, Boiffiere con-duifoit l'interrogeant R——r du côté de la porte, & parvint ainfi à fe défaire d'une vifite qui ne pouvoit en aucune maniere faire honneur à fa boutique.

Le Baron de Livermont accoutumé à ne voir dans ce monde que des Miniftres de-vant lefquels il rampe, & des faquins qui rampent devant lui, fortit de la boutique du Libraire, bouillant de colere & écu-mant de rage. Les yeux lui fortoient de la tête, fes joues fe gonfloient comme un

ballon , fon agitation d'une efpece diffé-
rentes de celle du Gazetier Cuiraffé , n'en
étoit pas moins ridicule. Il court exhaler
fa douleur & fa colere dans le fein de fon
nouveau compagnon d'armes , & pour fe
confoler va boire avec lui une bouteille de
vin à Dog and Duck (1).

§. VI.

Hiftoire de Receveur, Infpecteur de Police
& Chevalier de St. Louis.

IL faut avouer , difoit le patron de
M — s , que tous ces gens qui écrivent
des livres font bien dangereux dans un État,
& que fi les Rois faifoient bien , ils n'en
fouffriroient aucun dans leur Royaume ;

(1) Porcheron's de Londres.

fut-il

Fut-il cent mille fois plus grand que l'Europe. Ha ! si le bonheur de la France eût
voulu qu'ils fussent de mon département ,
j'en aurois fait comme de la bande de la
jambe de bois & de celle de la Giroflée (1).

Ils ont beau être de celle de M. l'Ency-
clopédiste , ou de ce coquin de Voltaire ,
ou de ce fripon de Rousseau de Geneve , ou
Mathématiciens , ou Géographes , j'en
eusse purgé la France , tout aussi aisément
que des autres hérétiques que j'ai détruit.

Tel que vous me voyez , savez - vous ,
M. de M-- s , que j'ai arrêté 4000 hommes,
dont un tiers a été roué , un autre foueté &
marqué , & le reste enfermé à Bicêtre ou
dans d'autres prisons , parce qu'il n'y avoit

---

(1) Fameuses bandes détruites par Receveur ,
si l'on en croit cet Alguazil qui a souvent créé des
chimeres pour les combattre & se rendre important.

point de preuves contre eux. Cela n'a pas empêché qu'ils ne foient morts prefque tous de faim, d'ennui, de chagrin ou de mifere ; ainfi vous voyez, mon cher ami, que je n'ai pas eu la main malheureufe & que j'avois le *tac* (1)———

Affurément, Monfieur, je ne puis vous témoigner toute l'admiration que m'infpirent de fi rares talens, mais vous n'avez pas tout d'un coup atteint ce degré de perfection dans votre état & je ferois enchanté de favoir les évènemens de la vie d'un homme auffi admirable que vous. ———

Ce compliment chatouilla agréablement Receveur, ils pafferent dans un cabinet particulier, on apporta du vin aux dépens des *affaires étrangeres*, comme ils difoient en plaifantant ; on s'affit fur un banc, *inde tero pater Aeneas fic orfus ab alto.*

---

(1) N'oubliez pas que nous confervons, autant qu'il eft poffible, le ftyle de ces Meffieurs.

« Je fuis né natif de Paris , mon pere étoit caroffier de fon métier , il me fit élever avec foin , mais quelque peine qu'il fe foit donnée pour me faire apprendre à lire & à écrire , je n'ai jamais pu en favoir affez pour lire couramment le moulée ; & ce n'eft qu'avec beaucoup de peine que je fuis parvenu à former les fept lettres de mon nom. Toute mon occupation , tout mon plaifir dans mon enfance , étoit d'accompagner les mouches dans leurs captures , & d'être un des premiers à fauter au colet des malheureux que la pouffe arrêtoit pour dette ou pour d'autres caufes.

Ces difpofitions avoient été fi bien remarquées par feu M. Samfon (1) , devant Dieu

_____

(1) Boureau de Paris. Il avoit table ouverte deux fois la femaine pour les Chevaliers de St. Louis de la Police. Receveur , du Rocher , d'Hemery , &c. en faifoient l'ornement. (Note fournie par le Gazetier Cuiraffé.)

foit fon ame, qu'il m'avoit deftiné une de
fes filles, & demandé pour elle en mariage
à mon pere, quoique je n'eufle encore que
16 ans. La Demoifelle me plaifoit affez,
& fembloit prévoir combien je devois un
jour fournir de pratiques à M. fon pere :
mais le préjugé de la naiffance empêcha
le mien de confentir à ce mariage. Il difoit
que la fille d'un bourreau avoit apporté en
venant au monde quelque chofe qui faifoit
en quelque forte tache, que M. fon pere
étoit trop connu dans le quartier, & que
cela pourroit faire parler le coufin l'épicier,
& la commerce la marchande de choux,
que les Receveur avoient toujours été honnêtes, & qu'on remercieroit M. Samfon de
l'honneur qu'il vouloit bien nous faire : on
chargea de la réponfe Champion, huiffier à
verge, & intime ami de l'une & l'autre
maifon, il fut trouver M. Samfon, comme
il venoit d'expédier deux jeunes drôles qu
avoient l'air de devoir vivre encore 100 ans

Il avoit roué l'un d'eux avec tant de grace ,
que mon attachement pour fa famille s'en
étoit accru du double , il me fembloit que
la gloire du pere réjailliffoit fur Mlle. Samfon , & je croyois déjà jouir de l'honneur
d'être admis aux charmes de fa couche,
lorfque Champion nous rencontrant au coin
de la rue du Mouton , comme je compli-
mentois le pere Charlot fur fon adreffe ,
nous aborda en crachant du latin , comme
à fon ordinaire ; ô , nous dit - il , d'un
ton auffi trifte & auffi lamentable que s'il
eût été un an fans porter d'exploits ; quel
couple ! *Juvenum pulcherrimus alter ,
altera quas oriens habuit prælata puellis.*---
« Je viens au nom du pere Receveur, former
oppofition à l'union la mieux affortie qui
fe foit depuis long-temps formée fous le
ciel. ——

» Je vous entends, dit le pere irrité,
un fatal préjugé. ——Ma fille , puifqu'il
eft ainfi , faifons un effort généreux , & que

Monfieur s'éloigne à jamais d'une famille dédaignée (1) —— Cet arrêt irrévocable fut pour moi un coup de poignard, je m'éloigne, & traverfe à grands pas la place encore fumante des débris des exploits de

———————————

(1) C'eſt ce même refpeĉt pour l'honneur des familles qui a fait dire à Veſtris, tout Veſtris qu'il eſt, un mot qui vaut bien la peine d'être cité. Monfieur fon fils ayant fait des dettes, il aſſembla l'illuſtre famille, & préfenta les quittances des créanciers avec une gravité digne du caraĉtere de danfe, qu'il a adopté. —— *Mon fils, dit-il, les Veſtris ont toujours eu de l'honneur, pour cette fois je vous pardonne; mais fi vous recommencez, je vous ôtes mon nom, & vous fais mettre à Bicêtre; je ne veux point qu'il y ait de Guimenée dans ma famille.*

Les maifons élevées comme celles des Charlots & des Veſtris ont raifon de foutenir leur honneur· (*Note tirée des Mémoires pour fervir a l'Hiſtoire des Théâtres, par feu M. l'Abbé Hubert, Docteur de Sorbonne.*)

mon prétendu beau-pere. Je marchois la tête languiſſamment penchée, j'avois déjà paſſé cet endroit où la juſtice prépare de la beſogne à Charlot, & où la Morne fournit de continuels alimens la curioſité du peuple ; je me ſens tout-à-coup frapper ſur l'épaule ; je me redreſſe ; c'étoit un ſergent du régiment de Normandie. Mon Gentilhomme, me dit-il, voudriez-vous ſervir le Roi.——— Pere cruel, m'écriai-je ! tu ne me reverras jamais. ——— Oui, Monſieur, je ſuis des vôtres ; nous entrons dans un cabaret, nous buvons les vins du marché ; je rejoins, & ma famille ignorant mon deſtin, croit que peut-être j'ai fini mes jours par le miniſtere de mon prétendu beau-pere.

« C'eſt ainſi que je manquai une alliance qui m'auroit couvert de gloire, & peut-être conduit à ſuccéder à Charlot. Mais ſi j'ai perdu l'occaſion, mon cœur eſt reſté pénétré de cette haine vigoureuſe qui m'a fait immoler plus d'un voleur avant qu'il ait été convaincu. »

Ha! pourquoi, c'écria, les yeux baignés de larme, le fenfible Gazetier Cuiraffé, cette alliance n'a-t-elle pas eu lieu ? Quels illuftres rejettons feroient fortis d'une fouche fi noble ; mais contez-moi, je vous prie, comment la providence vous a conduit des offices publics au fervice fecret, & quels heureux événemens vous ont amalgamé à la Ste. Police. On parle d'une aventure, d'un coup d'éclat frappé en Allemagne. —— Je vous entends & vais vous fatisfaire. . . . Crapet. . . .

« J'avois été employé durant toute la guerre de 59 en qualité de garde de la conétablie auprès du Grand-Prévôt de l'armée, & je m'étois diftingué par une foule d'action d'éclat : chacune d'elles avoit fini par faire pendre au moins un foldat ; je revenois chargé d'une miffion importante, & devois traverfer une partie de la Hollande ; je m'arfêté à dîner à une auberge où mangeoit un commis aux vivres ; il m'aborde, & me montrant un de ceux qui dînoient avec nous: « Voilà, me dit-il, le valet-de-chambre du Cte. d'Onge, c'eft lui qui avoit fait, il y a 15 ans, le complot d'affaffiner fon maître ; fes complices ont été pendus, il s'eft retiré en Allemagne, où il vit aujour-d'hui en honnête homme, gémiffant de fa faute, marié & pere de fept enfans qu'il éleve avec tout le foin imaginable. ——Ces paroles me frappent, j'en écris la fubftance avec un crayon, je remplis ma miffion, & j'arrive à Paris. Etant à un fouper de frairie avec plufieurs grands Officiers du Lieutenant de Police, chacun étoit en gaieté, & ra-contoit fes exploits, chacun vantoit les fiens : voulez-vous, m'écrie-je, Meffieurs, voir qui de nous en exécutera un de la der-niere importance ; il s'agit d'arrêter, en pays étranger, un homme, qui autrefois a médité un crime qu'il n'a pas exécuté, qui s'y eſt marié , y jouit aujourd'hui d'une conſidération qui a fait oublier ſa faute.——— Les uns ſe récrierent ſur l'utilité, & l'odieux d'un pareil exploit, d'autres ſur les dangers, en un mot perſonne ne ſe ſentit aſſez de courage pour attacher le grelot. Je ne dis mot, mais je fus trouver le Maître : ——— Tous vos gens ſont des poules mouillées, lui dis-je, voici ce dont il eſt cas, & je vous amenerai l'homme. Je repars auſſitôt pour l'armée ; je laiſſe les marques du métier, me déguiſe, vais trouver le coupable, en moins de trois mois, je gagne ſon amitié, loge, mange chez lui, l'entraîne au quartier-général ſous un prétexte ſpécieux, l'arrête, l'envoie à Paris, & viens à la Grêve le voir expirer ſur la roue (1).

_____

(1) Cette action a couvert Receveur de l'opprobre public, & de la haine même de ſes camarades ; Un grand Miniſtre informé de ſon apparition

En difant ces derniers mots, les traits du Barrigel s'alterent, fes yeux fe gonflent, il lui prend un hoquet intermittent. — O! Dieux, s'écrie-t-il, fauvez-moi de cette ombre en furie.... Un poignard.... Des flambeaux ardens, fes yeux brillent comme des tifons allumés aux feux de l'enfer.... fa gueule eft prête à m'engloutir....A peine il peut achever ces mots, il tombe dans des convulfions horribles entre les bras du Gazetier, qui appelle le Waiter, demande du fecours, & met en évidence autant qu'il peut la folie de Receveur. L'ombre du malheureux Crapet le pourfuit, l'effraie, & le jette de temps à autre dans une forte de manie dont il a été affecté cinq ans fans difcontinuer, & qu'il n'a plus que par intermittence.

à Londres, & qui a donné des ordres pour le veiller de près, s'eft écrié en apprenant cette hiftoire: *Cet homme eft un Defrues qui craint la brûlure.* (Note fournie par le Gazetier.)

P 2

Il eut à peine reprit fes fens qu'il raconta pour s'égayer, & diftraire fon ame de cet objet finiftre, l'hiftoire d'une révolte à Bicêtre. Il l'avoit calmée en faifant pendre quarante malheureux, à commencer par celui qui avoit découvert le complot; il ajouta l'hiftoire d'un homme foupçonné qu'il a tué d'un coup de talon entre deux guichets en prifon, puis tirant fa Croix de St. Louis d'une petite poche qu'il avoit fur le cœur en-dedans de fon habit: « Oui, dit-il, j'en attefte cette Croix refpectable que j'ai gagnée par 20 ans de pareils exploits; j'ai fuivi les voleurs avec une ardeur fans égale; parjures, careffes, fauffetés, calomnies, tous moyens m'ont parus légitimes contre cette engeance que j'ai prife en horreur, nulle action ne m'a parue trop noire, dès qu'il a été queftion d'en purger la terre, les crimes, les violences, & la perfidie ont été annoblies par ce motif, & ma carriere glorieufe fait

l'envie des Dutronchay, & des Des Bruguieres (1) : terminons-la par un coup
d'éclat & de vigueur, & montrons à Londres étonnée, ce qu'ofe un Colonel de la
Police.

---

(1) M. Linguet l'a fauvé de la potence dans
l'affaire du Comte de Morangies. Par reconnoif-
fance il eft venu à Bruxelles pour enlever fes
papiers & fa maîtreffe. Si jamais on venoit à vou-
loir faire juftice de Receveur, fouvenez-vous, qui
que vous puiffiez être, qui feriez tenté de chercher à le fauver, *des Vautours*, & *des Pigeons*,
& de *des Bruguieres.*

---

§ VII.

Suite des Négociations de Receveur.

IL seroit trop long de suivre la bande dans toutes ses diverses négociations, qui ne produisirent que peu de choses. Il paroît qu'elle ne perdit point de vue le Libraire B —— re, qu'elle eut même des desseins que la prudence l'empêcha d'exécuter ; car le Plénipotentiaire l'ayant fait demander par trois fois, & le Libraire ayant refusé tout autant, le Ministre qui lui avoit fait dire par son valet-de-chambre, *que l'Ambassa-deur de France ne mangeoit personne,* (ce sont ses propres paroles) s'écria, *on l'a donc averti.*

Le refus obstiné du Libraire jetta le dé-sespoir dans le cœur de Receveur. Ne sachant à qui se fier, il s'adressoit à tout le monde, il couroit de café en café, de cabaret en cabaret, je viens, difoit-il à tout venant, pour acheter *les Paffes-Temps d'Antoi-nette*, & *les Aventures du Vifir de Vergennes*.

M. de Limon qui m'a précédé dans cet emploi, à voulu donner 150 louis des *Petits-Soupers*, on en vouloit donner 175, on a refufé, & ils font en vente. « O vous! qui avez des libelles; approchez, hâtez-vous, je pars dans quinze jours ; ceux qui avoient befoin d'argent, ouvroient les oreilles, il n'étoit fils de bonne mere qui ne fut prêt à écrire les Comtes de l'Œil de Bœuf & ceux des antichambres de Paris. »

Entre autres perfonnes à qui il s'adreffa, Il ne faut pas oublier ce M. de la F.... dont nous avons déjà parlé, il avoit des liaifons avec le poffeffeur des libelles de Jaquet : il rencontre par hafard Receveur qu'il ne connoiffoit pas. « Prenez garde, M. dit-il, au Chevalier de St. Louis ambulant, il y a ici des Infpecteurs de police, entre autres un certain Receveur, le plus cruel de tous les suppôts de l'inquisition à cachet. Nous espérons l'aller voir pendre au premier jour, je vous avertirai & vous viendrez avec nous.» Le Chevalier de St. Louis se nomme justifia les desseins qu'on lui imputoit, & répondit qu'il ne venoit pas pour enlever, mais pour traiter.

M. de la F... tout étourdit qu'il est, ne manque pas d'une sorte de pénétration, il crut appercevoir la possibilité de gagner quelques louis, en servant le Roi & la Reine. On dit qu'il est assez bien né, & que son pere est attaché au Roi ; il crut se faire valoir après des deux partis, & offrit de réussir dans la négociation desirée; mais comme il n'étoit pas fait, disoit-il, pour tenir une commission des freres de St. André, il exigeoit que le Ministre lui en donne une *ad hoc*, en lui permettant de garder le secret sur le nom du possesseur des libelles.

Il écrivit dans cette vue à M. le Comte

de

de V——s une lettre dans laquelle il se disoit sur le point d'arriver à sa source. On devoit, à l'entendre, le croire au-dessus des déla-tions, & de l'argent ; mais il étoit décidé à ne pas nommer l'auteur (1) : au reste, son avis étoit de mépriser ces libelles & les libellistes, il assuroit que le moyen pour n'en pas craindre, étoit d'avoir une con-duite exemplaire, & qu'on ne calomnioit jamais ceux de qui il n'y avoit pas à médire ; qu'ainsi il offroit ses services en desirant qu'ils fussent refusés.

On prétend qu'en attendant la réponse, M. de la F.... composa un petit ouvrage dans le genre de ceux qu'on cherchoit, & qu'il tira des libelles de Hollande. On dit que ce n'est que l'analyse de tous ceux de Jaquet. Le Gazetier Cuirassé, en qui M.

_____

(1) Il prenoit le possesseur du libelle pour l'auteur lui-même.

I. Partie.   Q

de la F.... a beaucoup de confiance, &
à qui il a communiqué le libelle , étoit de
moitié avec lui. Ils devoient partager le
produit ; on croit même que M———s a
fourni les anecdotes , vu que le jeune homme
n'a pas beaucoup de correfpondances à la
Cour. Un ami de M. de la F.... a affuré
en plein café que l'ouvrage étoit parfaitement bien fait , & écrit fort chaudement ;
nous n'en favons rien , mais nous en doutons
fort.

Cependant la réponfe de M. de V ———s
fe faifoit attendre , parce qu'il avoit jugé
à propos de prendre des informations fur
celui à qui il devoit la faire. Pendant tout
ce temps , Receveur ne reftoit pas oifif.

Il voyoit réguliere ent G———n , & faifoit mettre en Anglois par feu l'Abbé Landais , *les Petits Soupers de l'Hôtel de
Bouillon.* A peine cette traduction fut-elle
finie , qu'il la confia à un Avocat nommé
Greenland , en lui ordonnant de faire un

mémoire fur les moyens d'attaquer l'auteur & le libraire. On propofa de faire venir les acteurs des petits foupers, que l'obfcurité de leur état permettoit d'employer ici à pourfuivre, & de faire mettre le libraire au pilori. M. de Caftries mêlé de tous les côtés dans cette affaire, aima mieux l'enfevelir dans l'oubli, & on ne pourfuivit pas.

Cependant M. ——s & R —— r avoient fait conjointement un plan de police, qu'ils préfenterent à M. Sh——n ; ils efpéoient mettre l'ordre fur le pied de Paris, & y détruire toute efpece de liberté, fur-tout celle de la preffe.

On trouve dans les papiers du malheureux Abbé Irlandois un mémoire auquel il devoit répondre, & dont voici la fubftance.

Mémoire adreſſé à M. —— Conſeiller d'Etat, au ſujet de la Requiſition d'une Cour Etrangere, qui a fait demander par ſon Plénipotentiaire, qu'on reſtreignit la Liberté de la Preſſe à Londres.

Vous demandez, Monſieur, quels ſont les principes ſur leſquels doit poſer votre réponſe, au Plénipotentiaire, qui exige que l'on faſſe un acte pour autoriſer le Procureur-Général à pourſuivre les auteurs qui attaquent dans les libelles la réputation des Princes étrangers. Je crois que l'expoſé de l'eſprit de nos loix ſuffira pour le guérir de la manie de ſe mêler de notre police, & de nous envoyer en qualité de légiſlateurs un *Thiefcatcher*, & un homme qui ne vit ici que du produit de ſes libelles : voici ce qu'on peut lui répondre.

Avant de commencer un procès il faut, 1°. qu'il y ait un corps de délit conſtaté. 2°. Qu'il ait été commis dans le pays.

3°. Que la loi ait prononcé une peine contre ce délit.

1°. On ne peut conftater de délit qu'en fuppofant le livre contre lequel on veut févir, *libelle féditieux*, ou *fcandaleux*. Dans les deux cas il faut que le *fcandale*, ou la *fédition* produifent des effets fur le peuple de ce pays pour que les auteurs & co-opérateurs foient puniffables, car nous ne pouvons nous charger de faire la police chez nos voifins, ni de punir les auteurs d'un délit dont les effets ne fe font fentir que chez eux. C'eft à fe garder & à fe préferver eux-mêmes. Autant vaudroit qu'ils exigeaffent de nous la punition de leurs contrebandiers. Un libelle qui attaque un François vivant en France, eft une chofe auffi indifférente aux yeux de nos loix, que s'il attaquoit un lettré de la Chine. On ne peut donc regarder comme un délit, l'action d'imprimer & de vendre à Londres un libelle, même diffamatoire, contre un étranger, à moins qu'il ne demeure en Angleterre, & n'ait droit au moins pour un temps à la protection des loix.

2°. Il n'y a pas de loi en Angleterre qui ait défendu d'attaquer, par écrit, la réputation d'un homme vivant hors du Royaume, fut-il Prince ou Souverain. Le Procureur-Général ne peut pourfuivre la réparation d'un délit qui ne bleffe ni la Majefté, ni la fûreté, ni les intéréts du peuple Anglois. C'eft à ceux qu'un écrit fcandaleux attaque à en empêcher l'introduction dans leur pays, à en punir les auteurs & colporteurs conformément à leurs loix. Un libelle contre un étranger eft chez nous une action méprifable, s'il découvre des vices fecrets fans motif : odieufe fi c'eft une calomnie, mais dans tous les cas indifférente à l'ordre public.

Si nous fouffrions qu'on punît un homme pour un libelle fcandaleux, attaquant un Prince étranger, pourquoi ne punirionsñous pas celui qui fait un mémoire pour appuyer les droits du Roi d'Angleterre à la Couronne de France, & notre Chancellerie, qui tous les jours donne à notre Monarque un titre qu'il n'oferoit prendre au-delà du pas de Calais ? Affurément de l'autre côté de l'eau, on appelleroit un pareil ouvrage *libelle féditieux*, & on puniroit fon auteur. Si nous ne puniffons pas un libelle féditieux en France, pourquoi punirions nous un libelle fcandaleux. Il faut être conféquent & méprifer les libelles de toute efpece.

Pour qu'un homme puiffe être actionné il faut que le libelle intéreffe des gens vivans en Angleterre, pendant la compofition & l'impreffion de l'ouvrage. Affurément je puis écrire ici, que la Sultane favorite du Roi de Perfe couche avec le Grand-Ecuyer de l'Empire fans enfreindre les loix d'Angleterre.

Princes, foyez vertueux, bons fages,

humains , économes , ayez , comme Princes , la conduite de Josephe II , comme
citoyens celle de George III , & si quelque
fou vient à vous insulter , vous ne ferez
qu'en rire.

On n'a pas trouvé la réponse de l'Abbé
au mémoire dont nous venons d'extraire
quelques réflexions. Il paroît qu'elle dé-
tourna tout-à-fait Receveur du desir de
poursuivre en justice, qu'il s'en tint au plan
d'abord adopté , & voulut tenter un coup
de main , ou acheter à vil prix.

§ VIII.

§ VIII.

Nouvelles Indignités du Gazetier. Démarches ridicules du Comte de M——, de R—— & de Godard.

ON ne sauroit dire à combien de délations calomnieuses donna lieu le séjour de Receveur à Londres. Il écoutoit tout ce que venoient lui déclarer des gens sans aveu, sans pain, sans honneur, & envoyoit tout à la police. Il ne seroit pas étonnant qu'un homme, qui de la vie n'a oui parler de tous ces méprisables coquins, & que ses affaires appelleroient un jour en France, y fut arrêté, mis en prison, & y mourut sans connoître la cause de sa détention, de dépit & de chagrin pour un crime dont on l'a fait accuser à Londres pardevant le Sr. Receveur. Rapportons quelques-unes des délations qu'il a recueillies.

I. Partie. R

Il y a à Londres un François nommé Maurice, qui a été Secrétaire ou Clerc de M. Gerbier : c'est un gros lourdeau qui peut tout au plus écrire une carte de visite. Il loge avec une assez jolie petite femme, qui va vendre des modes de maison en maison. Morandes la rencontra un jour dans un lieu de débauche où elle apportoit des bonnets aux malheureuses, qui se dévouent dans de pareils endroits aux plaisirs des gens sans délicatesse. Elle lui plut, il lui proposa de l'entretenir, lui offrit une maison de campagne, & 50 lou's pour la tirer du besoin le plus pressant Il la fit par ce moyen condescendre à ses desirs, la mena ensuite au fond de la Cité sous prétexte de prendre de l'argent chez un banquier ; l'a trompée de toutes les façons imaginables, il la renvoie à pied sans argent, & ne remportant que le dégoût qu'inspirent la personne & les propos d'un vieux libertin, usé & blasé.

Jufqu'ici cette action eft celle d'un avare crapuleux & débauché, voici celle d'un monftre qui voudroit anéantir ceux devant qui il rougiroit, s'il pouvoit rougir de quelque chofe.

Il s'appercevoit que les foupçons de Rece‑veur, qui le regardoit au fond de fon ame comme l'auteur des *Petits Soupers*, fe fixoient fur lui, à mefure que l'impoffibi‑lité de rien découvrir augmentoit ; il avoit befoin d'un être fur qui il put détourner les regards du maître efpion, il choifit Maurice; fans autre motif, que celui de perdre un homme dont il avoit trompé la compagne. Il fit entendre à fon maître que ce pauvre here étoit l'auteur des *Petits-Soupers*, & qu'il falloit avoir de fon écriture pour la comparer avec celle des lettres anonymes, adreffées dans le temps à Mme. de B——n.

Un jeune Officier François, *ad turpia cogit egeftas*, fe chargea d'en procurer, à condition qu'on la lui payeroit 5 louis. Bien

certain qu'on ne la connoissoit pas , il se
fit écrire par le premier venu , une lettre
indifférente & la vendit comme écrite par
Maurice.

Le Barrigel court avec son excellente em-
plette chez le Pléni... , ils s'assoient ; après
quatre heures de l'examen le plus sérieux , ils
décident que l'écriture est du pauvre homme
que Morandes avoit voulu faire soupçonner,
& en rendent compte au Ministre.

Peu de jours après celui qui l'avoit
écrite en fit des plaisanteries , elles revin-
rent à Maurice qui courut aussi-tôt chez
Receveur : Monsieur, lui dit-il , me con-
noissez-vous ? —— Non , Monsieur , je
n'ai pas cet honneur—— je suis Maurice.
——Ah ! M. Maurice , bien flatté de vous
voir , il y a long-temps que je vous connois
de réputation —Est mon écriture la con-
noissez-vous ? —— Oui , je crois en avoir
ici. —— Voulez-vous me la faire voir ?
—— Non , mais voulez-vous écrire vous-

même ici quelques mots ? ——Volontiers
——Ciel! que vois-je, l'écriture que l'on
m'a fournie n'est pas la vôtre. ——Non,
sans doute, on s'est moqué de vous, & on
a eu votre argent. Tout cela est dans l'ordre
des choses & doit vous apprendre qu'il ne
faut pas acheter en cachette des dépositions
de ceux qui calomnient pour de l'argent &
pour le plaisir de rire de vos sottises.

Receveur au désespoir coure chez le
Comte du M — r, lui fait part de la maniere dont on les a joués tous les deux ; ils
se plaignent l'un & l'autre au Gazetier qui
avoit conduit toute la machine, & qui ne
fit qu'en rire.

Quoi, disoit le Commandeur de St.
André, moi, moi qui me suis signalé
par mille exploits divers, un enfant me
trompe, & se joue de mon adresse. Je
sors avec Morandes ; à ses côtés on m'es-
camote une tabatiere d'or de soixante

louis, & c'eſt un petit Savoyard qui fait ce bel exploit ? Quel pays ! Quelle Nation ! partons au plus vîte; comme il en étoit au plus beau de ſes jérémiades, un courier arrive, il apportoit une lettre de M. de V——s en réponſe à celle de M. de la F——e.

§ I X.

Négociation du Comte de Moutier avec M.
de la F——e.

DÉs que le Cte. de M.——r eut reçu
la lettre de M. de V —s, il manda M.
de la F——e, & la lui communiqua, l'ar-
ticle qui le regardoit, l'autorifoit à faire
des démarches pour la fuppreffion du libelle
& à taire le nom de l'auteur. Le Cte.
expédia un extrait de cette lettre, & le
remit entre les mains de Receveur pour
le dépofer chez un Notaire où il devoit
refter pour la fûreté de M. de la F——e.
Voici, fi on peut l'en croire, le contenu
de cet extrait.

« Vous pouvez affurer, fur votre parole
d'honneur, à M..... qu'on lui faura gré
du zele qu'il témoigne pour la fuppreffion

des libelles , & qu'il peut revenir en France , fans craindre que perfonne lui faffe jamais la plus legere queftion , fur le nom de l'auteur ou des auteurs du libelle ou des libelles dont il a connoiffance. *Bien entendu* qu'il en procurera la fuppreffion & qu'on ne fera plus inquiété par ceux qui les ont compofés. »

Je certifie fur ma parole d'honneur que le préfent extrait renferme les volontés du Miniftre telles qu'elles font énoncées dans fa lettre.

A Londres le 4 Mai 1783.

(Signé) Le Cte. de M——r , Plénipotentiaire du Roi de F——e.

M. de la F——e dit à qui veut l'entendre qu'il reçut avec un mépris fouverain cet extrait qui lui découvroit la rufe , & lui faifoit voir le piége qu'on lui tendoit. Il expliqua de fang froid à celui qui l'avoit figné , *le bien entendu* qui lui déplaifoit ,

&

& l'obligea à le troquer contre ces paroles: *quand bien même il ne réussiroit pas à en procurer la suppression, & à empécher qu'on ne soit à l'avenir tourmenté par ceux qui les ont composés.*

Ce second extrait contradictoire au premier, étoit muni du même certificat, & M. de la F——e, à qui celui qui écrit ceci a entendu raconter la chose, en assure la vérité sur son honneur, il dit de plus qu'il le soutiendra même au Cte de M——r, *unguibus & rostro*, & que si quelqu'un des employés de la police prétend le contraire, il en a menti. Il ajoute sur ses conversations avec le Plénipotentiaire des détails qui sont bons à rapporter.

Lors de la premiere entrevue, le Ministre avoit des vapeurs, ses rideaux étoient entr'ouverts, il ne pouvoit qu'à peine ouvrir la bouche. Cependant il essaya de faire donner M. de la F——e dans un piége assez grossier.——Sachez, Monsieur, que

je quitte dans l'inftant le Renard des cari-
catures (1), & qu'il m'a promis de faire
pendre , fans forme de procès ceux qui ofe-
roient ecrire contre la Reine — le Renard
a voulu rire ; avant de faire le procès à un
homme , il faut qu'il y ait un délit , un
libelle contre un étranger , n'eft pas un
délit ; & le fut-il même , il faut un Juré
qui conftate fon exiftence, & en faffe connoître l'auteur. Enfin il faut encore une loi
qui prononce la peine. — Ho ! ho ! on les
pendra, *fans toutes ces bêtifes de ce Juré là.*
——Ne vous rappellez-vous pas , M. le
Comte , que lorfqu'on arrêta l'Ambaffadeur de Ruffie , ceux qui lui firent cette
avanie, ne purent être punis, faute d'une
loi expreffe, & que celles qu'on a faites
n'ont pas eu un effet rétroactif.

---

(1) C'eft un Miniftre Anglois qu'on peint avec
une tête de Renard.

Mais combien demandent ces marchands de libelles ? Ils ont parlé de 400 louis. —Fi donc, 400 louis, ils n'auront rien. —En ce cas-là, je vous fuis inutile, bonjour, Messieurs. ———— Eh ! attendez donc, il faut au moins voir la chose.——Déposons votre lettre, & j'aboucherai, Monsieur, avec l'homme commis par l'auteur.

M. de la F——e, en qui le dépositaire n'avoit pas eu une confiance très-étendue, le croyoit l'auteur du libelle, & ne savoit pas l'histoire de Jaquet; mais on n'avoit confiance en lui ni d'un côté ni de l'autre ; on fit des difficultés pour lui remettre l'extrait de la lettre, il s'étoit rendu suspect aux négociateurs. Il avoit appris par voie indirecte que M——s avoit composé un plan de police pour la ville de Londres, ce plan n'étoit qu'une copie de la police de Paris. Il écrivit dans le *Courier de l'Europe* trois ou quatre lettres assez fortes ; non-seulement le Gazetier lui répondit par des latitudes fous le nom de *Charles des Rameaux*, mais à l'aide du vieux Goy, frere du *miſtificateur* qui a été ſi fort à la mode à Paris fous le nom de *Mylord Goy*, & qui s'eſt caſſé le ccu par la miſtification de Mme. de Cruſſoles ; il obtint le manuſ-crit des lettres de M. de la F——e. Dès qu'elles furent imprimées, il les envoya au Lieutenant de Police, perſuada aiſément à ce Magiſtrat qu'on avoit voulu le peindre, & que ces lettres faiſoient alluſion à ce qui ſe paſſe en France ; le Magiſtrat eut la ſottiſe de les faire ſupprimer, mais elles ſe trouve dans l'édition de Londres depuis le N°. 30 juſqu'au N°. 40, quoiqu'elles ne ſoient pas dans celle de Paris, où le Courier ſe réimprime après avoir paſſé à la cenſure.

Vous avez écrit diſoit le Miniſtre, des lettres dans leſquelles la police de Paris s'eſt reconnue. Pourquoi vous brouiller avec le Gouvernement ? Qu'eſt-ce que cela vous rapportera ? Eh ! Monſieur, j'ai écrit contre un plan fait pour Lond es ; vous favez vous-même que ce plan exifte : — oui, oui , *mutato nomine* ; mais Morandes a déjà gagné quelques Membres du Parlement. M. Receveur a corrigé fon plan, c'eft un chef-d'œuvre , — Eh! Monfieur, comment voudriez-vous que le Parlement fit des loix qui fanctionnaffent un projet qui renverfe de fond en comble notre conftitution ? Mais votre conftitution n'a pas le fens commun. Quoi , pour arrêter un homme , il faut ou le cri public, ou un ordre du Juge ! Le Roi, ni fes Miniftres, n'ont pas le droit de fourer un mauvais fujet à la Tour ! Il faut que l'Officier qui a fait une capture, la mene d'abord au Juge de Paix, que celui-ci décide en préfence de tout le monde, *patentibus foris*, fi l'accufé doit être conduit en prifon ou relâché fur le champ ; fa décifion doit être publiée dans les papiers publics ; on ne peut pas le fequeftrer , le faire difparoître,

l'envoyer chez des Moines qui le font mourir à petits feux, ou tout d'un coup s'il eft
néceffaire : la fentence du Juge de paix eft
foumife au Grand-Juré qui décide de fa
validité, & peut mettre le prifonnier en
liberté. Enfin, ce gueux, cet homme de
la lie du peuple, eft jugé par fes Pairs
comme le feroit un Lord. Il a le choix fur
plus de 60 perfonnes, & de 48 qu'on lui
préfente, il peut en recufer 36. Enfin,
ces gens qui ne le connoiffent pas, font
obligés d'être tous du même avis, comme
s'il ne pouvoit pas paroître vraifemblable
à celui-ci qu'un tel crime a été commis
par un tel homme, tandis que fon voifin
voit le contraire ! Comme fi tous les hommes devoient être d'accord fur une queftion de fait dont tous ont les mêmes preuves dans le même inftant, & s'il ne fuffifoit
pas du plus grand nombre pour pendre
un faquin, un homme de la lie du peuple !
Point de Miniftre qui puiffe intervenir au

nom du Roi , & aggraver la peine fi bon
lui femble : point de fecret qui couvre la
vengeance & les paffions des grands. Une
procédure publique qui révele...........
Fi.... Fi.....

Vous avez pris là une bien mauvaife
thefe : vous êtes sûr de déplaire à notre
Parlement qui n'y regarde pas de fi près ,
& à nos Miniftres qui n'y regardent pas du
tout. La juftelle d'efprit du négcciateur
perçoit à travers fon difcours , elle infpira
à celui qui l'entendoit la plus haute idée
de la clarté , de la lumiere que devoit
répendre ce négociateur fur le traité qu'il
venoit faire femblant de conclure ; voilà
donc , difoit-il hautement , les intérêts de
deux grandes nations entre les mains d'un
petit pédant qui ne peut feulement acquérir
une idée nette de la différence effentielle
entre la preuve de droit , & la preuve de
fait ! Quelle idée fe faire du grand pédant
qui a laiffé tomber fur celui-là un rayon de

fa gloire. Le Comte de M——— r avoit remis le fecond extrait à Receveur qui fut propofer à M. Bonnet, Notaire, de le recevoir en dépôt. Celui-ci refufa de s'en charger, & tous les Notaires en firent de même. Morandes propoſa le dépôt à M. Van Hœc, qui ne voulut pas s'en mêler; tout ceci décida M de la F———e à abandonner une opération qu'il auroit toujours regardée comme infiniment au-deſſous de lui, fi elle ne lui eût fourni une occafion de fervir des perfonnes qu'il refpecte & qu'il aime plus que toute autre chofe au monde,

§ X.

Bavardages & Dîner de Philidor.

Qu'il eſt bête, ce Philidor ! Quelle
mâchoire ! En vérité ſi jamais on le puniſ-
ſoit des platitudes qu'on lui attribue, il
faudroit être mille fois plus imbécile que
lui.

Ce dernier avoit été dans un café où les
honnêtes gens ſe gardent de paroître, mais
que fréquente le peintre (1) dont nous

---

(1) Nous regrettons ſincérement que Mr. Laboureau n'ait pas rendu publiques diverſes petites
poéſies qu'il a dans ſon porte-feuille, & dont il ré-
gale fréquemment ſes amis. Son *Café d'Orange* eſt
très-plaiſant, il y a des portraits dans le goût de
Boucher qui ſont faits d'après nature. Si ces animaux ont un défaut, c'eſt celui d'être trop parlans.

avons déjà parlé, & qui l'a chanté plaisam-
ment. Philidor étant gris, se permit devant
les valets qui peuplent ce taudis, des propos indécens fur une personne qu'il doit
respecter, & qu'il respecte quand il est
de sang froid. L'une des védettes du
Gazetier Cuirassé se détache au plus vîte,
& vint répandre l'alarme au quartier général. Vîte Humbert court à la plume,
Receveur reçoit des dépositions, dicte des
commentaires, & fait plier sous le poids
de ses écrits, les chevaux qui portent les
paquets du pacificateur. M. le N—— lui-
même est effrayé de l'énorme fatras, &
ne peut trouver dans toute la police

Dans son *Jardin de Standmore*, il rappelle les Bi-
garures de la fortune du Gazetier, depuis les pre-
mieres histoires qu'il tient d'un Moine d'Arnay-le-
Duc, avec qui il voyagea dans la diligence de Lyon,
jusqu'à la collection des tulippes. On trouve dans
son Ode sur la Liberté des stances que J. B. ne rougiroit pas d'avoir faites.

un être aſſez courageux pour lire la lourde dépêche (1).

Godard ne fut pas plutôt informé de la nouvelle procédure qu'il courut en avertir l'échiquier. Mon ami , lui dit-il , vous ſentez Bicêtre d'une lieu de loin : prenez garde. Vous avez tenu des propos qui ne ſont pas tout-à-fait autant dans le goût François que la muſique du Maréchal. Charles de M——s a entamé une partie dans laquelle ou pourroit bien vous donner un tour. Défendez-vous.

Ce diſcours ébranla le cœur
De notre imprudent voyageur.

Il tint conſeil avec l'eſpion Chinois , &

---

(1) Ceci pourroit bien n'être pas vrai , car M. le N—— aime les détails. Quand il fait arrêter quelqu'un, il a grand ſoin de s'informer ſi ſa femme, ſes enfans , & ſa famille ont pleuré.

ils réfolurent de donner à dîner à Receveur
& aux Matadores de la bande , excepté
toutefois Charlot ; Philidor l'auroit admis
de refte , mais Godard donna pour le coup
l'exclufion à fon rival. On prépara donc
un grand dîner au Club des échecs. C'eft
ainfi que jadis Enée , voulant defcendre
aux enfers , jetta du pain à Cerbere pour
fermer fes gueules d'airain. On fait toujours taire les mâtins en les mettant devant
une affiette. Mais Philidor oublia de fermer la troifieme & la plus large des gueules
du chien de la police. Morandes ne fut pas
du dîner.

Perdre un bon dîner , laiffer fon ami
feul , être expofé foi-même au danger
d'un mot , d'une plaifanterie ! Tout cela
ne pouvoit fe pardonner. Auffi l'illuftre
Charlot qui brûle du defir de montrer ,
fans dangers , fa bravoure , vouloit-il faire
mettre l'épée à la main au vieillard ; le bon
homme ne recula pas ; Charlot lui offrit

des piſtolets; enfin quand les piſtolets furent
acceptés, il propoſa de s'aſſeoir tous les
deux ſur des barils de poudre défoncés &
d'y battre le briquet pour allumer une pipe.
Godard ne goûta pas cette derniere pro-
poſitition à cauſe du prix de la poudre en
Angleterre, il repréſenta à ſon adverſe
partie qu'ils bruleroient d'un coup de briquet pluſieurs mois de leurs appointemens,
& l'on quitta ces idées finiſtres. Faiſons
comme eux & revenons au dîner; car il n'eſt
ni chagrin, ni bravoure (1) qui puiſſe détourner tout-à-fait de la table l'eſprit des
pauvres humains.

_____

(1) Le vieux Goy a dit à vingt perſonnes
qu'il avoit été obligé de paſſer la nuit à exhorter
Morandes à ſe battre contre un Miniſtre , Editeur
du Morning Herald , & que ſans l'eau-de-vie ,
dont il avoit imbibé ſon courage , il n'auroit jamais
pu lui faire prendre feu.

Le dîner fut des plus gais. Laboureau en fit mieux les honneurs que de celui de l'Hercule , où Morandes ayant conduit Receveur , le chantre du café d'Orange , avoit monté fa lire fur un ton propre à exciter l'efprit des Suiffes, qui mangent dans cette fombre caverne. Il leur avoit peint dans un impromptu les dangers & la honte qui rejailliroient fur eux tous fi les voyageurs curieux venoient fouvent manger à l'Hercule , il avoit mis un Suiffe à chaque porte en leur difant :

« Gardez que Receveur n'entre jamais » céans. »

Mais il avoit bien changé de fyftême en venant de Cornhill à St. James : c'eft ainfi qu'un commis marchand de la Cité qui a fait fortune , perdu fa droite rufticité, dépouillé le gros drap , n'a pas plutôt pris un logement dans Weftminfter , qu'il paroît à la Cour les jours de gala , & oublie les fentimens dont il étoit animé près du pont

de Londres. Temple-Bar eſt un arc magi-
que , qui fait d'un valet de comptoir un
Monſieur , d'un Alderman un Courtiſan ,
d'un homme d'une morale auſtere un Jéſuite
à diſtinctions accommodantes. Mais revenons donc à ce dîner , car il faut finir. Rien
n'eſt plus aiſé , cher lecteur , on ſe griſa tout
de bon , on ſe racommoda à l'écuelle , &
Receveur remit le pauvre Humbert à grif-
fonner une rame d'adouciſſemens. Ces Meſſieurs de la police entendent ſi bien l'art
d'adoucir leurs couleurs quand on ſaupoudre
d'or leur pinceau! Un homme a d'abord ,
à les entendre , tenu les propos les plus ſanglans.——Dix louis , M. Receveur —— ,
Dix louis.... Les propos étoient ſanglans ,
mais Philidor étoit bien gris.—— Dix
louis, M. des Bruguieres—— , Dix louis....
les propos étoient forts , mais le ton fait
la muſique. Et les modes de Philidor ſont
froids & ſans expreſſion , demandez plutôt
aux comédiens Italiens ordinaires du Roi.

⸺Dix louis , M. d'Hémery ⸺ , Dix louis : je ne me mêle plus de rien. Colonel , retiré , foulant aux pieds les fleurs de lys , fur la lifte des Maréchaudᵗ de France de la derniere promotion. . . . . . pardon , Monfieur , un rouleau de 50, ce font des guinées parfaitement gravées. Monnoie Angloife , dont j'ai débarraffé Milord Sleen dans une partie qui a duré trois jours... des guinées ! Meffieurs , nous fommes fi fujets à être trompés par nos mouches , nous recevons fi fouvent de faux rapports ; puis nous ne nommons pas les témoins , nous ne nous permettons ni récolement , ni confrontation. Allons , M. Philidor , cinq guinées à Vaugiens , & vous ferai blanc comme neige. O ! M. Philidor , vous auriez affaffiné le Pere Eternel , que vous êtes plus innocent que l'enfant qui vient de naître.

Ce dîner avec accompagnement rétablit Philidor dans l'opinion des *inquifitive travellers* : mais il acheva de rendre fou le pauvre

pauvre Humbert : fon maître le fit tant grif-
fonner, charger un peu celui-ci pour dé-
charger celui-là, enfin le traita avec tant
de dureté que le phyſique du Houzard
réſiſtant mieux que celui du pauvre Abbé
Landais, le moral céda, & mon homme
devint tout-à-fait fou. Joignez à toutes
les raiſons que nous avons données de l'a-
liénement de ſon eſprit, la frayeur de
Bicêtre, où il apprit que Receveur l'avoit
condamné, pour avoir vendu à Morandes
un demi louis, la communication d'une
de ſes dépêches. Le malheureux diſparut
tout-à-coup. Ce ne fut qu'à force de recher-
ches que Morandes le découvrit, & lui
ôta le chapeau rond & le ſurtout que lui
avoit donné leur commun maître.

§ XI.

Arrivée de M. d'Adhémar. Fuite honteuse de Receveur. Tempête, & dispersion de la Troupe.

C'EST dans ces circonstances qu'arriva à Londres le Mis. d'Adhémar, Ambassadeur du Roi. Il regarda avec raison comme au-dessous de lui de traiter avec un subalterne de la police. Mais comme Morandes tient à plus d'une branche, il ne put s'empêcher de le revoir de temps à autres chez lui. Cependant on sait de bonne part que ses fréquentes visites sont plutôt pour les Secrétaires que pour l'Ambassadeur qui ne passe pas pour aimer la mauvaise compagnie.

Le Plénipo. . . . partit peu après, & l'Ambassadeur signifia aux Mouches qu'elles euffent à s'envoler. Receveur partit donc après avoir laiffé à Morandes la furinten-dance de fon armée qui n'eft pas peu nom-breufe. Avant le départ du Général en Chef, elle étoit divifée en deux corps. Charlot avoit fous lui *un grand Capitaine Suiffe*, *trois Officiers François*, *fon Secrétaire*, *cinq ou fix Goujas*, & une douzaine d'autres affamés. Godard comp-toit fous fa banniere, un Préfident, un Baron Allemand, un Baronnet d'Irlande, le gros Mouchard, deux Abbés, Phili-dor, &c. tout cela alloit, venoit, fubfif-toit, mangeoit & RIOIT aux dépens des affaires étrangeres.

Philidor partit le premier, Godard le fuivit de près avec Receveur, Humbert fut mis à Bethlehem, le Capitaine au Prévôt, les trois Officiers François ne purent plus paroître faute de fouliers, les Goujas furent envoyés fur la Tamife, le Baron Allemand partit pour la Ruffie, l'un des Abbés mou-

rut , & le reſte ſe cacha de honte dans des
trous dont ils ne ſortent qu'après que les
chauves-ſouris & les chouettes ont commencé à attriſter de leurs chants lugubres
l'ame de ceux qui prennent le frais à leur
fenêtre , après le coucher du ſoleil.

Charlot reſta chargé de la correſpon-
dance générale. On croit qu'il a un louis
par jour. C'eſt le vieux Goy qui eſt le courier de confiance. Il a déjà fait un voyage ,
député extraordinairement par Charlot.

Cependant Receveur partit , & reçut , en
montant dans ſa chaiſe , les tendres embraſ-
ſemens de ſon féal Gazetier , qui le fit accompagner par le fidele Secrétaire ſans culotte. On dit même que leurs joues étoient
mouillées des larmes qu'ils verſoient de re-
gret d'avoir fait ſi peu de mal. Mais ils ſe
promirent mutuellement de réparer leur
mauvaiſe réuſſite , à la premiere occaſion.

Receveur n'ignoroit pas combien il devoit haïr M——s. Il ſavoit que peu recon-

noiſſant des bontés de ſon maître , il répan-
doit dans le public que de M——r ne l'a-
voit mis auprès de Receveur que pour
l'empêcher de faire des ſottiſes. Il ſavoit
encore que l'imprudent Gazetier l'avoit
perdu en le faiſant connoître du Chevalier
Ecl..., qu'il avoit été de moitié dans la
lettre de Maurice ; qu'ils avoit ſuborné
Humbert, compoſé les minutes des diverſes lettres que Mr. de J——t lui avoit écrites pour avoir de l'argent , tantôt de gré ,
tantôt de force. Qu'il avoit imaginé l'hiſtoire d'un Abbé la Porte , qu'ils ont cherché & qui n'exiſte pas : *Il n'étoit pas bien
certain qu'il n'eût pas vu la route qu'avoit
enfilée la tabatiere d'or.* Enfin , en méditant
tout ceci , il arriva à Douvres. Un paquebot
étoit prêt ; ils s'embarquerent. A peine
ont-ils quitté la côte d'Angleterre que les
vents ſouflent avec furie , la mer groſſit ,
enleve le navire juſqu'aux cieux , & le précipite auſſi-tôt au centre d'un abyme d'eau.

Le mal de mer leur prend. Receveur croit voir dans un nuage noir & épais, l'ombre de Crapet qui le pourſuit encore, il ſe croit au dernier de ſes jours. Couché ſur le tillac entre l'eſpion Chinois qui prioit Dieu pour la premiere fois de ſa vie, & le Secrétaire qui ſaliſſoit le pont à travers les nombreux orifices de ſes gregues, il ne voyoit de tous côtés qu'une mort certaine. Il étoit dans cette horrible apathie que donne le mal de mer, étendu ſur le pont, au milieu des débordemens de bile de ſes acolites. Quand il en fut tiré par quelques coups de garcette bien appliqués, dont un matelot Anglois aſſaiſonnoit des *God damn the French Dogs*. Il fallut, malgré les ordres dont on étoit décoré, courir à la pompe. Enfin, on aborda à grande peine à Boulogne. C'eſt là que ſe tournant vers la côte d'Angleterre, Receveur s'écria dans un moment d'enthouſiaſme : *Maudite terre chienne de liberté, peuple qui haïſſez l'au*

torité des Rois & les Inspecteurs de police ;
j'ai couru chez vous les plus grands ris-
ques, vos loix ont terni mes lauriers , la
frayeur & la colere ont achevé de détra-
quer ma cervelle , j'ai souffert chez vous
tous les tourmens réunis dont j'ai accablé
tant de misérables ; mais m'importe , je
suis assez vengé, cruels Anglois, je vous
laisse Morandes.

F I N.

.

www.ingramcontent.com/pod-product-compliance
Lightning Source LLC
Chambersburg PA
CBHW050016100426
42739CB00011B/2667